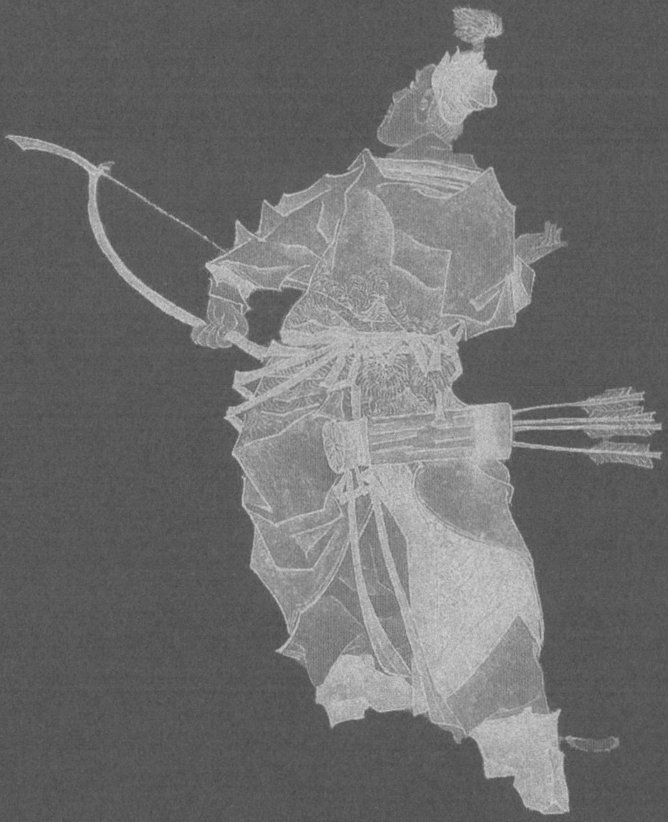

고사성어가 열리는

천자문 나무

팬더 컬렉션 / 엮음

圖書出版 明文堂

머리말

요즈음 우리나라에서는 2천여 년 동안 사용해왔던 한자가 반세기도 채 안 되는 기간에 완전히 외국어가 되어버린 듯한 생각이 든다. 한글 전용정책과 서구학문에 지나치게 경도되어 한학을 공부하는 학문의 맥이 끊어지다시피 한 것이다.

우리말에서 한자어의 비중이 절대적이므로 한자어의 정확한 뜻을 이해하기 위해 한자를 함께 표기하는 건 중요하다. 표준국어대사전에 실린 표제어 약 51만 개 가운데 한자어는 58.5%로 한글 고유어(25.5%)의 두 배가 넘는 것이 현실이다.

이제 중국은 그 옛날 대국의 명성을 다시 찾아가며 마침내는 미국 다음가는 경제대국으로 부상하고 있다.

지금껏 우리나라에서는 공공연히 영어의 공용화 주장까지 나오는 판에 제2의 우리글이기도 하였던 한자를 병행해서 사용하지 못할 이유가 무엇인가? 중국이 세계 최대 경제대국이 되는 것도 시간문제인 지금에 와서 조금만 더 관심을 기울여 공부하면 2천 년을 사용해 왔던 한자를 더욱 친숙하고 쉽게 이해할 수 있지 않을까?

한글은 세종대왕께서 창제한 세계에서도 가장 훌륭한 우리글임은 누구나 다 알고 있다. 한글과 한자는 상호보완적인 관계라 할 수 있다. 한글은 음을 표기하는 데 탁월한 기능을 가지고 있고, 한자는 뜻을 나타내는 데 뛰어난 기능이 있으므로 한글과 한자를 나란히 씀으로써 낱말에 대해 다시 한 번 생각하게 하는 여지를 남기고 생각하는 습관을 기르게 한다. 따라서 이 둘을 함께 쓰면 금상첨화(錦上添花)일 것이다.

어느 영문학자는 “영어를 무분별하게 사용함으로써 한글문화가 천박해졌다는 소리는 들어보았으나, 한자를 사용해서 한글의 수준이 낮아졌다는 얘기는 들어보지 못했다.” 고 말하고 있다.

그런데 참으로 놀랍게도 한자 또한 고대 우리 민족이었던 동이족(東夷族)이 만들었다는 주장이 제기되고 있다.

중국의 일부 유명 학자들까지도 한자라는 뜻글자를 창제한 민족이 동이족임을 밝히고 있다. 주역의 괘(卦)를 만든 복희씨가 동이족이고, 최초의 한자라고 일컬어지는 갑골문자 또한 동이족이 세운 은(殷)나라의 문자이기 때문이다. 또한 낱글자 속에 담긴 상수리(象數理)의 이치에 의해 동이족이 한자를 만들었음을 밝혔다.

천자문 대서사시(大敍事詩)

《천자문(千字文)》은 흔히 한문을 처음 배우는 사람을 위한 입문서로 알려져 있지만, 그 내용은 단순한 교습서를 넘어 우주와 자연의 섭리, 인간의 도리와 처세의 교훈 등 삼라만상을 함축하여 망라하고 있다.

《천자문》은 중국 남조(南朝) 양(梁)나라 무제 때의 관료인 주흥사(周興嗣, 470?~521)가 글을 짓고 동진(東晉)의 왕희지(王羲之)의 필적 중에서 해당되는 글자를 모아 만들었다고 하며, 사언고시(四言古詩) 250구(句), 합해서 1,000자가 각각 다른 글자로 되어 있다.

황제의 명으로 주흥사가 이 글을 하룻밤 만에 지은 뒤 머리가 하얗게 셌다는 전설과 함께 「백수문(白首文)」이라는 별칭이 있다.

내용은 「천지현황(天地玄黃)」에서 시작하여 「언재호야(焉哉乎也)」로 끝난다. 당나라 이후 급격히 보급되어 많은 서가(書家)에 의하여 써졌으며, 그 중에서도 습자교본으로 가장 유명한 것은, 왕희지의 7대손 지영(智永)이 진서(眞書 : 楷書)와 초서(草書) 두 체로 쓴 《진초천자문(眞草千字文)》 본으로 1109년에 새긴 석각(石刻)이 전하고 있다.

천자문이 한국에 전해진 연대는 확실치 않으나 백제 때 왕인(王仁)이 《논어(論語)》 10권과 함께 이 책 1권을 일본에 전했다는 기록으로 보아 이보다 훨씬 전에 들어온 것으로 추측된다.

우리나라에서 가장 널리 알려진 천자문은 명필 한호(韓濩, 호는 石峯)의 글씨로 1583년 서울에서 간행된 《석봉천자문》이다.

천자문을 배우는 데 있어, 막연히 그냥 외우는 것은 무척 지루할 뿐더러 이해하기도 쉽지 않다. 그래서,

「천자문을 어떻게 하면 재미있고 쉽게 배울 수 있을까?」 하고 생각한 끝에 천자문과 아울러, 교훈·경구·비유·상징어 및 관용구나 속담 등으로 사용되어 일상 언어생활에서의 표현을 풍부하게 해주는 촌철살인의 명언 「고사성어」를 연결해서 공부하면 어떨까 하는 생각에서 만들어진 것이 이 책 《고사성어가 열리는 **천자문 나무**》이다.

「천자문 나무」에는 1,000개의 천자문에 가까운 글자 수만큼의 고사성어가 열려 있다. (*글자의 특성상 고사성어가 아닌 단어인 경우도 극히 드물지만 포함되어 있다)

아래 <천자문 나무>는,

「고아한 지조를 굳건히 지니면
좋은 벼슬이 저절로 굴러온다」

견 지 아 조 호 작 자 미
堅持雅操 好爵自縻

이렇게 4언고시로 된 천자문 한 자 한 자마다 고사성어가 연계되어 있음으로 해서 이 나무 전체를 머릿속에 기억하는 방식으로 「천자문」과 「고사성어」를 함께 기억할 수 있는 일석이조의 공부 방법인 것이다.

목차

56. 丙舍傍啓(병사방계) 甲帳對楹(갑장대영) : 신하들이 머무는 집은 양옆으로 나란히 열려 있고, 눈부신 휘장은 두 기둥 사이에 드리워 있다 / 72

{丙舍傍啓(병사방계) / 退避三舍(퇴피삼사) / 道傍苦李(도방고리) / 榮啓期三樂(영계기삼락) / 三千甲子(삼천갑자) / 面帳牛皮(면장우피) / 對牛彈琴(대우탄금) / 甲帳對楹(갑장대영)}

57. 肆筵設席(사연설석) 鼓瑟吹笙(고슬취생) : 돗자리를 펴고 방석을 진열해 놓으며, 비파를 뜯고 생황을 분다 / 86

{枯魚之肆(고어지사) / 肆筵設席(사연설석) / 醴酒不設(예주불설) / 孔席墨突(공석묵돌) / 鼓腹擊壤(고복격양) / 膠柱鼓瑟(교주고슬) / 吹毛覓疵(취모멱자) / 笙簧(생황)}

58. 陞階納陛(승계납폐) 弁轉疑星(변전의성) : 섬돌을 올라 궁전에 들어가니, 고깔을 장식한 보석이 하늘거려 별인 듯 어리둥절하다 / 100

{鷄犬昇天(계견승천) / 階高職卑(계고직비) / 瓜田不納履(과전불납리) / 陞階納陛(승계납폐) / 赤弁丈人(적변장인) / 轉迷開悟(전미개오) / 失斧疑隣(실부의린) / 月明星稀(월명성희)}

59. 右通廣內(우통광내) 左達承明(좌달승명) : 오른쪽은 광내전(廣內殿)으로 통하고, 왼쪽은 승명전(承明殿)으로 통한다 / 114

{左顧右眄(좌고우면) / 萬事亨通(만사형통) / 長廣舌(장광설) / 內柔外剛(내유외강) / 左達承明(좌달승명) / 飛黃騰達(비황등달) / 起承轉結(기승전결) / 明眸皓齒(명모호치)}

60. 旣集墳典(기집분전) 亦聚群英(역취군영) : 이미 삼분(三墳)과 오전(五典)을 모으고, 또한 수많은 인재들도 모았다 / 124

{旣往勿咎(기왕물구) / 離合集散(이합집산) / 旣集墳典(기집분전) / 金石之典(금석지전) / 盜亦有道(도역유도) / 物以類聚(물이유취) / 群盲象評(군맹상평) / 蓋世英雄(개세영웅)}

두고종례 칠서벽경
61. 杜藁鍾隷 漆書壁經 : 두도의 초서와 종요의 예서가 있고, 옻칠로 쓴 벽 속의 경전이 있다 / 136

두점방맹 석고대죄 엄이도종 두고종례 칠신탄탄 분서갱유
{杜漸防萌 / 席藁待罪 / 掩耳盜鐘 / 杜藁鍾隷 / 漆身呑炭 / 焚書坑儒
향벽허조 경세제민
/ 向壁虛造 / 經世濟民}

부라장상 로협괴경
62. 府羅將相 路俠槐卿 : 관부(官府)에는 장수와 재상들이 늘어서 있고, 공경의 저택들이 길을 끼고 서 있다 / 150

부라장상 문전작라 간장막야 간담상조 기로망양 협객 괴안
{府羅將相 / 門前雀羅 / 干將莫耶 / 肝膽相照 / 岐路亡羊 / 俠客 / 槐安
몽 간경하사
夢 / 干卿何事}

호봉팔현 가급천병
63. 戶封八縣 家給千兵 : 여덟 고을을 식읍으로 하고, 그 가문에는 천 명의 군사를 주었다 / 164

삼호망진 봉시장사 팔징구징 호봉팔현 사가망처 자급자족
{三戶亡秦 / 封豕長蛇 / 八徵九徵 / 戶封八縣 / 徙家忘妻 / 自給自足
악사천리 승패병가상사
/ 惡事千里 / 勝敗兵家常事}

千字文 나무

51. 堅持雅操 好爵自縻 (견지아조 호작자미) 坚持雅操 好爵自縻

1. 堅白同異 (견백동이)
2. 倒持泰阿 (도지태아)
3. 堅持雅操 (견지아조)
4. 操刀傷錦 (조도상금)
5. 葉公好龍 (섭공호룡)
6. 高官大爵 (고관대작)
7. 自暴自棄 (자포자기)
8. 羈縻 (기미)

풀이

❶ 堅白同異 (견백동이)

堅白同异　　굳을 **堅** 흰 **白** 같을 **同** 다를 **異**

단단한 흰 돌을 눈으로 보아서는 흰 것을 알 수 있으나 단단한지는 모른다는 뜻으로, 억지논리, 궤변을 이르는 말이다.

「견백동이지변(堅白同異之辯)」이라고 한다. 단단하고 흰 돌은 눈으로 보아서는 그것이 흰 것을 알 수 있으나 단단한지는 모르며, 손으로 만져 보았을 때에는 그것이 단단한 것인 줄 알 수 있을 뿐 빛깔은 흰지 모르므로, 단단하고 흰 돌은 동일한 물건이 아니라고 설명하는 억지 논리, 일종의 궤변이다.

《사기》 맹자순경열전에 있는 이야기다.

전국시대 조(趙)나라의 학자 공손룡(公孫龍)이 「견백동이(堅白同異)」라는 논리를 폈다.

공손룡

「단단한 흰 돌을 눈으로 보아서는 흰 것을 알 수 있으나 단단한지는 모르며, 손으로 만져 보았을 때는 그 단단한 것을 알 뿐 빛이 흰지는 모르므로 단단한 돌과 흰 돌과는 같은 물건이 아니다」

공손룡은 장자와 같은 시대 사람으로, 당시 사상가들과 마찬가지로 봉건 제후들에게 조언을 하고 제자들에게 논리학적 훈련을 시키는 일을 하였는데, 어떤 삶을 살았는지에 대

공손룡의 백마비마(白馬非馬) 조소(彫塑)

한 상세한 기록은 찾아볼 수 없다.

다만 그가 조(趙)나라 평원군(平原君)의 문객으로서 언병(偃兵 : 전쟁을 그만둔다)을 주장했으며, 현재 전해오는 그의 저작으로는 《공손룡자(公孫龍子)》 한 권이 있다는 것만 알려져 있다. 여기서 언병이란 제후국들 사이에 벌이는 침략전쟁인 공벌(攻伐)·겸병(兼倂)을 단호히 저지해야 하며, 이때 투입되는 군대를 언병이라고 부른다.

공손룡의 대표적인 학설은 「견백론(堅白論)」과 「백마비마설(白馬非馬說)」이 있다. 공손룡은 구체적인 개념들이란 서로 범주가 다르기 때문에 하나로 통합될 수 없다는 논리를 내세웠다.

「견백론(堅白論)」이란 견(堅)과 백(白)이 분리될 수 있다는 것이다.

즉 「『견(堅)·백(白)·석(石)은 셋이라고 할 수 있을까?』, 『할 수 있다』, 『둘이라고 할 수 있을까?』, 『할 수 있다』, 『왜 그런가?』, 『단단한 것을 얻지 못하고 흰색만을 얻고서 단단한 것과 돌을 함께 들어서 말하면 둘이 된다. 흰색을 얻지 못하고 단단한 것만을 얻고서 단단한 것과 돌을 함께 들어서 말하면 곧 둘이 될 것이다. ……보아서 단단한 것은 얻을 수 없으나 흰 것을 얻을 수 있으니 단단한 것은 없는 셈이다. 만져서 그 흰 것은 얻을 수 없으나 그 단단한 것은 얻을 수 있으니 그 굳음은 얻고 흰 것은 없는 것이다』」

그리고 「백마비마설」은, 「말이란 것은 형체를 이름 지으려는 것이며, 백(白)이란 것은 색깔을 이름 짓는 것이다. 색깔을 이름 짓는 것은 형체를 이름 짓는 것이 아니다. 그러므로 백마는 말이 아니다」라는 것이다. 즉 「희다」라는 형용어로 인해 「흰 말」은 더 이상 「말」이라는 일반 개념과는 일치하지 않는다는 것이다. 이처럼 공손룡은 구체적인 개념들이란 서로 범주가 다르기 때문에 하나로 통합될 수 없다는 논리를 펴고 있다.

❷ 倒持泰阿(도지태아) 倒持泰阿 넘어질 **倒** 가질 **持** 클 **泰** 언덕 **阿**

「태아(泰阿)를 거꾸로 쥐었다」는 뜻으로, 칼을 거꾸로 잡고 자루를 남에게 준다. 곧 남을 이롭게 해주고 오히려 자기가 해를 입음. 태아는 전설적인 명검이다. 명검을 거꾸로 잡아, 손잡이는 다른 사람이 잡게 한다는 뜻으로, 남에게 큰 권한을 주고 자신은 도리어 피해를 입음을 비유한 말.

《한서》 매복전에 있는 이야기다.

한(漢)나라 성제(成帝) 때 매복(梅福)이라는 사람은 젊은 시절 장안에서 공부를 해 경서(經書)에 밝았다. 그로 인하여 그는 구강군의 문학(文學 : 지방관아의 문화교육 담당자)이 되었다가 남창현의 현위(縣尉)가 되었으나 관직을 버리고 시골에서 살면서 황제에게 여러 번 상소했으나 받아들여지지 않았다.

당시 성제는 대장군 왕봉(王鳳)에게 모든 정사를 맡겼는데 왕봉의 전횡이 심했다. 이에 매복은 다시 상소를 올렸다.

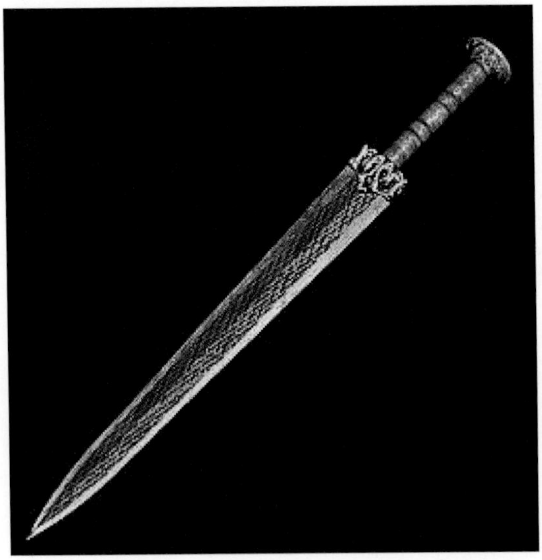

중국의 10대 명검 태아검

「공자께서 이르시기를, 『일을 잘하는 장인(匠人)은 먼저 공구를 날카롭게 한다』라고 했습니다. 진(秦)나라에 이르러서는 그 말대로 하지 않고 비방의 그물(誹謗之罔)을 펼쳐서 한나라를 위하여 (현명한 선비를) 몰아다 주었고, 태아를 거꾸로 잡아(倒持泰阿) 초(楚)나라에 그 자루를 잡도록 했습니다. 만약 그 칼자루만 놓치지 않았다면 비록 천하에 순종하지 않는 무리가 있다고 하더라도 감히 그 칼날에 맞서려고 하지 못했을 것입니다. 이것이 바로 효무황제께서 영토를 확장하고 공훈을 세워서 한나라의 세종이 되신 까닭입니다」

태아(泰阿)에 대해서는 다음과 같은 이야기가 있다. 진(晉)나라 초 무제 때, 어떤 사람이 춘추시대 오나라와 월나라의 경계가 있던 곳의 하늘, 즉 두성(斗星)과 우성(牛星)의 사이에서 보랏빛 기운이 자주 나타나는 것을 보았다. 당시 중서령으로 있던 장화(張華)는 천상(天象)을 잘 보는 뇌환(雷煥)이라는 사람에게 무슨 연고인지를 물었다. 뇌환은 이렇게 설명하였다.

「이것은 명검의 빛줄기입니다. 두성과 우성의 곧게 솟아오르는 빛을 보니, 그 보검은 평범한 것이 아닐 것입니다」

장화가 다시 물었다.

「그렇다면 그 명검은 어디에 있소?」

뇌환은 하늘을 자세히 살펴보더니 이렇게 말했다.

「아마 예장군(豫章郡) 풍성현(豊城縣 ; 지금의 강서성 남창 부근)일 것입니다」

장화가 뇌환을 풍성 현령으로 천거하자, 그는 곧 임명을 받고 부임하였다. 뇌환은 풍성에 도착하여 보검의 행방을 찾기 시작하였다. 그는 한 감옥의 지하에서 검광(劍光)의 근원을 찾아냈다. 그는 곧 감옥으로 가서 땅을 파기 시작하였다. 네 장(丈) 쯤 파내려가자 돌상자가 나왔다. 열어보니 그 안에는 한 쌍의 검이 있었다. 검 위에는 용천과 태아라는 이름이 각각 새겨져 있었다. 그날 밤, 다시 별자리를 살펴보니 두성과 우성 사이에 있었던 보랏빛은 사라지고 없었다.

❸ 堅持雅操(견지아조) 坚持雅操 굳을 **堅** 가질 **持** 바를 **雅** 잡을 **操**

바른 지조를 굳게 지닌다. 《천자문》에 있는 말이다.

「바른 지조를 굳게 지니고 있으면, 좋은 벼슬이 저절로 따른다(堅持雅操 好爵自縻)」

도덕을 쌓고 수신(修身)을 하면 덕이 높은 군자가 된다. 군자는 곧 사회와 나라에 쓰임이 있고, 인덕이 있어서 사람들이 절로 모여든다. 그리고 자연히 출세의 길도 따라오게 되어 있다.

《맹자》 공손추에 이런 말이 있다.

「천작(天爵 : 하늘에서 내린 벼슬)을 잘 닦으면 인작(人爵 : 인간사회의 벼슬)은 저절로 얻어진다(修其天爵而人爵自至也)」

맹자는 인간의 본성은 선(善)하다고 보았다. 따라서 하늘이, 인간이 태어나면서부터 지니도록 준 본성(本性)인 천작 또한 선한 것이다. 그 천작이 바로 인의예지신(仁義禮智信)과 충효(忠孝)이다.

❹ 操刀傷錦(조도상금) 操刀伤锦 잡을 **操** 칼 **刀** 다칠 **傷** 비단 **錦**

「칼을 다루다가 비단을 상하게 하다」라는 뜻으로, 무능한 자에게 중요한 일을 맡기면 일을 그르치게 됨을 비유하는 말이다.

춘추시대 정(鄭)나라의 명신 자산(子産)의 고사에서 유래되었다. 정(鄭)나라의 재상 자피(子皮)는 가신인 젊은 윤하(尹何)를 자기 봉읍지의 관리로 삼으려고 하였다. 자피의 보좌역인 자산(子産)이 말했다.

「그는 너무 젊어서 나라를 다스리는 데는 아직 적합하지 않습니다」

그러나 자피는 자산에게 말했다.

「그는 성실하므로 내가 좋아하고 있소. 나를 배반하지 않을 것이오. 지금 대부를 시키지 않으면 앞으로 배울 기회가 없을 것이오」

자산이 말했다.

「사람이 누군가를 좋아하면 그에게 이로운 일을 해주고 싶어 하기 마련입니다. 지금 재상께서는 누군가를 좋아하여 정치를 맡기려 하는데, 이는 칼을 다룰 줄 모르는 사람에게 고기를 자르게 하는 것과 같아서, 그 사람은 그 칼에 먼저 자신을 베게 될 것입니다. 만약 재상에게 훌륭한 비단이 있다면 그것을 남에게 주어 재단하는 법을 배우게 하지는 않을 것입니다(子有美錦 不使人學製焉). 그런데 중요한 관직이나 대도시는 모두가 백성을 위한 것입니다. 고운 천보다 훨씬 더 중요합니다.

고운 천을 생무지에게 맡기지 않는 이상으로 경험 없는 사람에게 안심하고 맡길 수 있겠습니까? 배울 것을 배우고 나서 관료가 되라는 말은 들었지만, 관료 직에 있으면서 그것을 배우라는 말은 듣지 못했습니다. 재상께서 원래의 뜻대로 밀고 나간다면 마침내 그가 다치게 될 겁니다. 가령 사냥에 나섰을 때는 활쏘기에 능하고 말을 잘 타는 자만이 사냥감을 획득

자 산

할 수 있습니다. 활도 쏠 줄 모르고 마차도 몰 줄 모르는 자는 수레가 뒤집어지면 그 밑에 깔리지나 말아야겠다고 생각하겠지요. 그러니 어떻게 사냥을 잘할 수 있겠습니까?」

자피는 감탄하면서 그의 충고를 받아들였다.

여기서 유래하여 「조도상금」은 칼을 다룰 줄 모르는 사람에게 비단을 자르게 하면 비단이 상하게 되는 경우와 마찬가지로 무능한 자에게 중대한 일을 맡기면 일을 그르치게 된다는 것을 비유하는 성어로 사용된다.

❺ 葉公好龍(섭공호룡) 葉公好龙 나뭇잎 **葉**(섭) 공변될 **公** 좋아할 **好** 용 **龍**

겉으로만 좋아할 뿐 사실은 전혀 좋아하지 않는 빈말. 「섭공이 용을 좋아한다」라는 뜻으로, 겉으로만 좋아할 뿐 사실은 전혀 좋아하지 않

섭공호룡

는 빈말을 이르는 말이다.

전한(前漢)의 학자 유향(劉向)의 《신서》 잡사(雜事)에 있는 이야기다.

춘추시대 초나라에 섭공(葉公)이라는 사람이 있었다. 그의 본명은 심저량(沈諸梁)이라 하고 자는 자고라 하였는데, 섭이라는 곳에 있는 부친의 봉토를 계승하면서부터 섭공이라 불리게 되었다. 그런데 이 섭공은 특별히 용을 좋아하여 가정의 물건이나 실내의 모든 설비 같은 것이 거의 전부 용과 인연이 없는 것이 없었다.

이에 하늘의 용마저 섭공이 용을 좋아한다는 소문을 듣고 어느 날 특별히 인간 세상에 내려와 섭공을 방문하게 되었다. 그러나 용을 좋아한다던 섭공은 창문으로 용의 머리가 들어오고 용의 몸체가 건넌방에서 꿈틀거리자 그만 놀라서 소리치며 도망쳐 버렸다는 것이다. 그러니 섭공이 용을 좋아한다는 것도 한낱 빈말일 뿐이었다.

풍자적 의미가 다분한 이 이야기는 실은 하나의 우화라고 할 수 있는데, 이야기의 주인공 섭공은 역사상 실존한 인물이지만, 이야기는 허구인 것이 분명하다. 그러나 「섭공호룡」이라는 말은 성구가 되었다.

앞에서 말한 《신서》에는 또 이런 이야기도 있다. 공자의 제자인 자장(子張)이 어느 날, 노애공이 현자들을 부르고 있다는 소문을 듣고 찾아갔지만 7일간이나 기다려도 만나주지 않았다. 이에 화가 난 자장은

「노애공이 현자를 좋아한다는 것은 섭공이 용을 좋아하는 것과 같다」 라고 말했다는 것이다.

여기에서 용은 현자에 비유되고, 노애공처럼 겉으로는 인재를 아낀다고 하면서도 실제는 인재를 배척하는 사람을 섭공에 비유한 것이다.

❻ 高官大爵 (고관대작)

高官大爵 높을 **高** 벼슬 **官** 큰 **大** 벼슬 **爵**

지위가 높고 훌륭한 벼슬이나 그 자리에 있는 사람. 지위가 높고 고귀한 벼슬.

❼ 自暴自棄 (자포자기)

自暴自弃 스스로 **自** 사나울 **暴**(포) 버릴 **棄**

마음에 불만이 있어 행동을 되는 대로 마구 취하고 스스로 자신을 돌아보지 아니함. 「자포자기」란 말을 우리는 될 대로 돼라 하는 그런 뜻으로 쓰고 있다. 글자대로 새기면 스스로 자신을 학대하고 스스로 자신을 내던져 버리는 것이 자포자기다.

이 말은 《맹자》 이루 상에 나오는 말이다.

「자포(自暴)하는 사람과는 함께 말을 할 수가 없고, 자기(自棄)하는 사람과는 함께 일을 할 수가 없다. 예의에 벗어나는 말을 하는 사람을 자포한다 말하고, 자기 자신이 능히 어진 일을 할 수 없고, 옳은 길로 갈 수 없다고 하는 것을 『자기』라고 말한다. 어짊(仁)은 사람의 편안한 집이요, 옳음은 사람의 바른 길이다. 편안한 집을 비워 두고 살지 않으며, 바른 길을 버리고 그곳으로 가지 않으니 슬픈 일이다」라고 했다.

곡부의 맹자 고거(古居)

맹자의 말대로 하면 말을 함부로 하는 것이 「자포」고, 행동을 되는 대로 하는 것이 「자기」다. 말을 함부로 하는 것은, 어질고 바른 것을 적대시하는 적극적인 태도로 볼 수 있고, 행동을 되는 대로 하는 것은 희망을 잃은 소극적인 태도로 볼 수 있다.

아무튼 「자포자기」는 착하고 바른 일하는 것을 거부하려는 태도를 말하는 것이다. 「될 대로 돼라」하는 말 자체가, 자제력을 상실한 감정의 노예가 되기를 자청하는 말이기도 하다.

❽ 羈縻(기미) 羈縻

굴레, 나그네 **羈** 고삐 縻

굴레와 고삐라는 뜻으로, 속박(束縛)하거나 견제(牽制)함을 비유적으로 이르는 말.

(고대 왕조의 속국이나 속지 등을) 농락하다, 회유하다, 구슬리다, 얌전히 따르게 하다라는 뜻이다.

1949년 중화인민공화국이 출범한 이후 중국은 「기미(羈縻)」정책을 대외정책의 근간으로 삼아왔다. 「기미」란 굴레를 씌워 얽맨다는 뜻으로, 주변국을 중국의 세력 범위 안에 묶어두고 통제하는 것을 일컫는다.

등소평(鄧小平, 덩샤오핑)은 1980년대 개혁·개방정책을 취하면서 「도광양회(韜光養晦 : 힘을 기르고 때를 기다림)」를 기미정책을 달성하기 위한 대외정책의 뼈대로 삼았다. 이는 국제적으로 영향력을 행사할 수 있는 경제력이나 국력이 생길 때까지는 침묵을 지키면서 강대국들의 눈치를 살피고 전술적으로도 협력하는 외교정책을 말한다.

등소평

52. 都邑華夏 東西二京 都邑华夏 东西二京

도읍화하 동서이경

① 駙(부) 馬(마) 都(도) 尉(위)

② 都(도) 邑(읍) 華(화) 夏(하)

③ 拈(염) 華(화) 微(미) 笑(소)

④ 夏(하) 爐(로) 冬(동) 扇(선)

⑤ 馬(마) 耳(이) 東(동) 風(풍)

⑥ 聲(성) 東(동) 擊(격) 西(서)

⑦ 一(일) 石(석) 二(이) 鳥(조)

⑧ 五(오) 日(일) 京(경) 兆(조)

풀이

❶ 駙馬都尉(부마도위) 驸马都尉 곁말 **駙** 말 **馬** 도읍 **都** 벼슬 **尉**

임금의 사위를 「부마」 혹은 부마도위(駙馬都尉)라고 한다.

이 부마도위란 한무제 때 처음 생긴 벼슬이름이었다. 부마는 원래 천자가 타는 부거(副車 : 예비 수레)에 딸린 말로, 그것을 맡은 벼슬이 부마도위다.

부마도위의 계급과 봉록은 비이천석(比二千石 : 실질 연봉 천삼백 석)으로 대신과 같은 급이었다. 한무제는 흉노의 왕자로 한나라에 항복해 온 김일선(金日禪)에게 이 벼슬을 처음으로 주었었다.

부마도위는 일정한 정원이 없이 천자가 자기 마음에 드는 사람에게 이 벼슬을 주곤 했었다. 그것이 위진(魏晋) 이후로 공주의 남편 되는 사람에 한해 이 벼슬을 줌으로써 임금의 사위를 부마라고 부르게 되었다. 그런데 진(晋)나라 때 간보(干寶)가 지은 《수신기(搜神記)》란 책 속에는 이 부마의 유래에 관해 다음과 같은 이야기가 실려 있다.

농서의 신도도(辛道度)란 사람이 유학길에 올라 옹(雍)이란 도시의 근처까지 왔을 때 일이다. 옹은 춘추시대 진(秦)나라의 수도였던 곳이다. 큰 집 앞을 지나는데 마침 시녀가 대문 밖에 나타나자, 요기를 시켜 달라고 졸랐다.

시녀는 잠시 들어갔다 다시 나타나 들어오라고 청했다. 안에서 아리따운 여인이 나와 인사를 마친 다음 곧 만반진수를 차려 내왔다. 상을 물린 다음 여자가 말했다.

「저는 진나라 민왕(閔王)의 딸로 조(曹)나라로 시집을 가기로 되어 있었는데, 미처 시집도 가기 전에 죽고 말았습니다. 그 뒤 23년을 여기서 혼자 지내게 되었는데, 오늘 뜻밖에 도련님을 뵈니 모두가 인연인 줄 압니다. 사흘만 저와 부부가 되어 이곳에 묵어가십시오」

그리고 사흘이 지난 날 그녀는,

「당신은 살아 있는 사람, 나는 죽은 몸, 비록 전생의 연분으로 사흘 밤을 함께 지내기는 했지만, 더 이상 오래 있을 수는 없습니다. 그럼 작별의 선물을 드리겠습니다」 하고 시녀를 시켜 침대 밑에 있는 상자를 열게 하고 그 속에서 황금 베개를 꺼내 신도도에게 주었다.

신도도가 작별을 하고 돌아서서 조금 오다가 돌아보니 집은 간데없고 무덤이 하나 있을 뿐이었다. 정신없이 얼마를 달려온 신도도는 꿈인가 하고 품속에 있는 황금베개를 더듬어 보았다. 베개는 틀림없이 있었다.

그 뒤 옹으로 들어온 신도도는 황금베개를 팔기 위해 길가에 베개를 놓고 소리높이 살 사람을 찾았다. 마침 지나가던 왕비가 그것을 사서 들고 이상한 생각이 들어 베개의 내력을 캐물었다.

신도도에게 사실 이야기를 들은 왕비는 슬픔에 잠기지 않을 수 없었다. 한편 그가 거짓말을 하는 것이 아닌가 싶어 사람을 보내 무덤을 열어 보았다. 모든 것은 처음대로 있는데 황금베개만이 없었다. 옷을 풀어 몸을 살펴보니 정을 나눈 흔적이 완연했다. 왕비는 비로소 신도도의 말을 믿게 되었다.

「죽은 지 스물세 해만에 산 사람과 정을 나누었으니, 내 딸은 분명 신선이 된 것이다. 그대야말로 정말 내 사위다」 하고 그를 부마도위로 봉한 다음, 돈과 비단과 수레와 말을 주어 고향으로 돌아가게 했다.

그 뒤로 후세 사람들은 사위를 가리켜 부마라고 했다. 지금은 나라의 사위도 또한 「부마」라고 한다. 이것은 물론 지어낸 이야기다.

❷ 都邑華夏 (도읍화하) 都邑华夏 도읍 都 고을 邑 빛날 華 여름 夏

중국의 도읍지. 《천자문》에 있는 말이다.

「중국의 도읍지는, 동경(東京)과 서경(西京)이다(都邑華夏 東西二京)」

도읍(都邑)은 왕성(王城)의 지위를 말한 것이고, 화하(華夏)는 당시 중국을 지칭하던 말이다.

화(華)는 빛난다는 뜻이요 하(夏)는 크다는 뜻이니, 중국 사람들이 자기 나라를 자랑스럽게 일컫는 말이다. 화하(華夏)는 자신들을 세계의 중심으로 생각한 고대 중국인들의 관념이 잘 나타나 있는 말이다. 화하란 천하의 중심을 차지하고 변방의 오랑캐들에게 섬김을 받으며 사는 나라 곧 중국을 의미한다.

동경은 중국 하남성에 있는 중국 고대 3왕조 가운데 주(周)나라가 제2대 성왕(成王) 때 건설한 낙읍(洛邑) 곧 지금의 낙양(洛陽)을 가리키는데, 북녘에 망산(邙山)과 남녘에 낙수(洛水)를 아우르고 있는 경치 좋은 곳으로, 원래 주나라의 수도는 호경(鎬京)이었는데, 제13대 평왕(平王) 때 북서쪽 유목민족의 침입에 위협을 느껴 수도를 동쪽 낙읍(洛邑)으로 옮겼다. 이때부터를 중국사에서는 동주(東周) 혹은 춘추시대라고 부른다. 주나라 천도 이후 낙양은 고대 중국의 중심지가 되었다.

서경은 중국 섬서성(陝西省) 위수(渭水) 남녘에 있는 지금의 서안(西安) 으로, 서울을 수도(首都)라는 뜻에서 일컫는 말인 장안(長安)이라고 불리었다.

장안은 춘추전국시대와 진시황의 시대를 거쳐 전한의 고조 유방이 다시 도읍지로 정한 후 서경이라고 불렀다. 그 후 통일왕조인 수(隋)나라와 당나라가 도읍지로 삼았던 곳이다. 특히 당나라 때 최고의 번영을 누렸다.

❸ 拈華微笑 (염화미소) 拈华微笑 집을 **拈** 꽃 **華** 작을 **微** 웃을 **笑**

말을 하지 않고도 마음과 마음이 통하여 깨달음을 얻게 됨.

가섭존자

「꽃을 잡고 미소를 짓다」 라는 뜻으로, 석가가 연꽃을 들어 대중에게 보였을 때 가섭(迦葉)만이 그 뜻을 깨달아 미소를 지었다. 그래서 석가가 그에게 불교의 진리를 전수하였다는 고사다. 불교의 대표적인 화두 가운데 하나로서, 염화시중(拈花示衆)이라고도 한다.

선종에서 선(禪)의 기원을 설명하기 위해 전하는 이야기로서, 《대범천왕문불결의경(大梵天王問佛決疑經)》에 기록되어 있는 말이다.

영산(靈山)에서 범왕(梵王)이 석가에게 설법을 청하며 연꽃을 바치자, 석가가 연꽃을 들어 대중들에게 보였다.

사람들은 그것이 무슨 뜻인지 깨닫지 못하였으나, 가섭만은 참뜻을 깨닫고 미소를 지었고, 이에 석가는 가섭에게 정법안장(正法眼藏 : 사람이 본래 갖추고 있는 마음의 묘한 덕)과 열반묘심(涅槃妙心 : 번뇌와 미망에서 벗어나 진리를 깨닫는 마음), 실상무상(實相無相 : 생멸계를 떠난 불변의 진리), 미묘법문(微妙法門 : 진리를 깨닫는 마음) 등의 불교 진리를 전해 주었다.

즉 말을 하지 않고도 마음과 마음이 통하여 깨달음을 얻게 된다는 뜻으로, 이심전심(以心傳心)의 묘처(妙處)를 이름. 선(禪) 수행의 근거와 방향을 제시하는 중요한 화두이다.

비슷한 말로, 「이심전심(以心傳心)」, 「교외별전(敎外別傳)」, 「염화시중(拈華示衆)」 등이 있다.

❹ 夏爐冬扇 (하로동선) 夏炉冬扇 여름 **夏** 화로 **爐** 겨울 **冬** 부채 **扇**

여름의 화로와 겨울의 부채, 곧 쓸데없는 사물, 버려지는 신세, 한가한 신세를 비유함.

왕충(王充)은 후한의 학자이자 사상가로, 독창성이 넘치는 자유주의적 사상을 지녀, 선비적 사상이나 속된 신앙, 유교적인 권위를 비판했다. 그가 지은 《논형(論衡)》에 있는 말이다.

「이로울 것이 없는 재능을 바치고 보탬이 되지 않는 의견을 내는 것은, 여름에 화로를 바치고 겨울에 부채를 드리는 것과 같다(作無益之能納無補之說 獨如以夏進爐以冬奏扇 亦徒耳)」

《논형》은 당시의 전통적인 정치와 학문을 비판한 내용의 저술이다. 왕충은 이 글에서 「벼슬길에 나아감에 있어서의 운명」이라는 것을 의론의 대상으로 삼고 있다.

왕 충

그는 세상 사람들이 학문이 높고 재능이 있는데도 연이 닿지 않아 불우한 처지에 있는 사람을 「하로동선」 처럼 취급하여 너무 쉽게 말하며 비난하는 것을 비웃고 있다.

군주와 신하가 서로 연이 닿지 않으면 유익한 진언을 해도 억울하게 죄를 뒤집어쓰기도 하고, 반대로 군주의 부덕을 지적하지 않음으로 인해 오히려 복을 받는 수도 있다는 것이다.

비록 여름의 화로라 해도 그것으로 젖은 것을 말릴 수도 있고, 겨울의 부채라 해도 그것으로 불씨를 일으키는 일을 할 수도 있다.

「물건은 사용하기에 따라 유용하기 마련」으로 무용지물은 없다는 것이다.

즉, 주군의 마음속은 신하가 헤아릴 수 없으므로 학문과 재능의 유무보다는 군주의 취향에 맞느냐의 여부로 신하의 운명은 결정된다고 본다.

여기서 「하로동선」이란 말이 나왔으며, 오늘날 철에 맞지 않는 물건이나 격에 어울리지 않는 물건을 비유하는 말로 사용된다.

왕충은 동한(東漢) 사람으로 자는 중임(仲任)이며 회계군 상우현에서 태어났다. 왕충은 어려서 고아가 되었는데 훗날 경사(京師)에 가서 태학(太學)에서 공부하며 반표(班彪)에게 사사하였다.

빈한하여 집안에 책이 없어서 항상 낙양의 서점가를 돌아다니며 책을 읽었는데, 한번 읽으면 바로 암기하여 마침내 백가의 학설을 두루 통달하였다. 왕충은 논설을 좋아하였는데, 처음 들으면 괴이한 듯하나 끝내 이치가 담겨 있었다. 소인배 유학자들이 글자에만 집착하여 진실을 잃었다고 여겼다.

이에 문을 닫아걸고 은거하며 생각에 깊이 잠겼다. 경조사에 참석치 않고 창문이고 벽이고 할 것 없이 집안 곳곳에 붓과 먹을 준비하여 두고 《논형》 85편 20만여 글자를 지어 사물의 같은 점과 다른 점을 서술하면서 세속의 의심스러운 부분을 교정하였다.

❺ 馬耳東風(마이동풍) 马耳东风 말 馬 귀 耳 동녘 東 바람 風

남의 비평이나 의견을 조금도 귀담아 듣지 아니하고 곧 흘려버림.

「마이동풍」은 「말의 귀에 동풍」이란 뜻이다. 우리말로는 「말 귀에 바람소리」라는 것이 나을 것도 같다. 우리 속담에 「쇠귀에 경 읽기」란 말이 있는데도, 이것을 우이독경(牛耳讀經)이라고 한문 문자로 쓰기도 한다. 마이동풍은 우이독경과 같은 말이다.

원래 이 말은 이백(李白)의 「답왕십이 한야독작유회(答王十二寒夜獨酌有懷)」라는 장편 시 가운데 나오는 말이다. 왕십이란 사람이 이백에게 「차가운 밤에 혼자 술을 마시며 느낀 바 있어서」라는 시를 보내온 데 대한 회답 시로 장 단구를 섞은 아주 긴 시다.

왕십이는 자기의 불우함을 이백에게 호소한 듯하다. 이백은 거기에 대해 달이 휘영청 밝고 추운 밤에 독작을 하고 있는 왕십이의 쓸쓸함을 생각하면서 이 시를 지은 것이다.

이백의 「답왕십이 한야독작유회」

그리하여 이백은 술을 마셔 만고의 쓸쓸함을 씻어버릴 것을 권하고 또 그대처럼 고결하고 더구나 뛰어난 인물은 지금 세상에서는 쓰이지 못함이 당연하다고 위로하는 한편, 다시 강개(慷慨)하는 말투로 자기의 당세관(當世觀)을 엮어 간다.

지금 세상은 투계(鬪鷄)—당시 왕후 귀족 사이에서 즐겨 유행되었던 닭싸움—의 기술에 뛰어난 인간이 천자의 귀여움을 얻어 큰 길을 뽐내고 걷고 있거나, 그렇지 않으면 만적(蠻賊)의 침입을 막아 하찮은 공을 세운 인간이 최고의 충신이라는 듯 거드름을 피우고 있는 세상이다. 자네나 나는 그런 인간들의 흉내는 낼 수 없다.

우리는 북창(北窓)에 기대어 시를 읊거나 부(賦)를 짓는다. 그러나 어떤 걸작이 나오고 그것이 만방에 미치는 걸작이라도 지금 세상에서는 그런 것이 한 잔의 물만한 가치도 없다. 아니 그뿐 아니고 세인은 그것을 듣고 다 고개를 흔들며 동풍(東風)이 마이(馬耳)를 스치는 정도로밖에 생각지 않는다.

세상 사람은 내 말에 모두 머리를 내두른다.
마치 동풍이 말의 귀를 쏘는 것 같도다.

世人聞此皆掉頭 有如東風射馬耳　세인문차개도두　유여동풍사마이

우리들의 말, 우리들의 걸작(傑作)에는 고개를 흔들어 귀를 기울이려고 하지 않는다. 그것은 동풍이 말의 귀를 스치는 것과 같다고 이백은 비분하고 있는 것이다.

원래 중국은 무(武)보다 문(文)을 중시하는 나라다. 문의 힘이 한 나라를 기울게도 하고, 한 나라를 흥하게도 한다. 그런 자랑스러움과 자신감이 전통적으로 시부(詩賦)를 짓는 자의 가슴 속에 있었다. 더구나 이백 같은 스스로를 자부하는 바가 컸던 시인에게는 그것이 더한층 강했다. 그러나 지금 세상은 시인의 말에 마이동풍이다. 그리하여 계속해서 노래한다.

소년 이백

물고기 눈이 또한 나를 비웃고,
밝은 달과 같아지기를 청한다.

魚目亦笑我　請與明月同　어목역소아 청여명월동

생선 눈깔과도 같은 어리석은 자들이 명월이나 주옥과 같은 우리들을 비웃고 명월의 주옥과 같은 귀한 지위를 대신 차지하려고 바라고 있다. 옥석혼효(玉石混淆)하고 현우전도(賢愚顚倒)되어 있는 것이 지금의 세상이다, 라고 이백은 말하고 있다.

그리고 물론 우리들 시인에게는 경상(卿相)의 자리는 없다. 청년 시절부터 우리는 산야를 고답(高踏)하는 것이 소원이 아니었던가, 하고 왕십이를 격려하며 힘을 북돋고 시를 끝맺는다.

❻ 聲東擊西 (성동격서) 声东击西 소리 **聲** 동녘 **東** 칠 **擊** 서녘 **西**

상대편에게 그럴듯한 속임수를 써서 공격함.

「동쪽에서 소리를 지르고 서쪽을 친다」는 뜻으로, 동쪽을 쳐들어 갈 듯 상대를 교란시켜 실제로는 서쪽을 공격하는 것을 말한다.

당나라 두우(杜佑)가 찬(撰)한 제도사(制度史)로서, 구성이 질서정연하고 내용이 풍부하여 중당(中唐) 이전의 제도를 통람하는 데 가장 유용한 책 《통전(通典)》 병전(兵典)에 있는 이야기다.

그 내용은 「소리 내어 동쪽을 공격하지만, 사실은 서쪽을 공격한다(聲言擊東 其實擊西)」라는 것이다.

한신의 배수일전 주 전장

한나라의 유방과 초(楚)나라의 항우가 서로 싸우던 중 위(魏)나라의 왕 표(豹)가 항우에게 항복하였다. 유방은, 항우와 표가 양쪽에서 쳐들어오는 위험에 처하자 한신(韓信)에게 적을 공격하게 하였다.

위나라의 왕 표는 백직(柏直)을 대장으로 하여 황하 동쪽 포판(蒲坂)에 진을 치고 한나라 군대가 강을 건너오지 못하게 하였다. 한신은 포판을 쳐들어가기가 쉽지 않을 것으로 여겨졌으나, 병사들에게 낮에는 큰 소리로 훈련하도록 하고 밤에는 불을 밝혀 적극적으로 공격하는 표시를 나타내게 하였다.

백직은 이러한 한나라 군대의 작전을 보고 어리석다며 비웃었다. 한신은 비밀리에 한나라 군대를 이끌고 하양에 다다라 뗏목으로 황하를 건너서 매우 빠르게 전진하여 위나라 왕 표의 후방 본거지인 안읍(安邑)를 점령하고 표를 사로잡았다.

이 「성동격서」의 계책은 중국의 역대 병법가들이 매우 중요시했던 계책이었고, 《손자병법》과 많은 병법서에도 등장하고 있다. 그만큼 유용하고 자주 사용된 계책이다.

❼ 一石二鳥 (일석이조) 一石二鸟 한 一 돌 石 두 二 새 鳥

한 가지 일을 해서 두 가지의 이익을 얻음. 한 개의 돌로 두 마리 새를 떨어뜨리는 따위의 일이란 그렇게 간단히 되는 것이 아니다. 일거양득(一擧兩得).

❽ 五日京兆 (오일경조) 五日京兆 다섯 五 날 日 서울 京 억조 兆

「닷새 동안의 경조윤(京兆尹)」이라는 뜻으로, 관직의 재임기간이 매우 짧거나 오래 계속되지 못하는 일을 비유하는 말이다.

경조윤은 한(漢)나라 때 서울을 지켜 다스리던 으뜸 벼슬이다. 한무제 태초(太初) 1년(BC 104)에 우내사(右內史)를 고친 이름으로, 좌풍익(左馮翊) · 우부풍(右扶風)과 함께 삼보(三輔)라 이른다.

《한서》 장창전(張敞傳)에 있는 이야기다.

한선제

장창은 한나라 선제(宣帝) 때 수도 장안을 총괄하는 경조윤을 지냈는데, 중랑장 양운과 막역한 사이였다. 양운은 청렴하고 재능이 있는 인물이었으나 남의 원성을 많이 사서 모함을 받아 면직되었고, 나중에는 대역무도 죄로 처형되었다. 조정의 대신들은 양운과 막역한 사이인 장창의 벼슬도 박탈하여야 마땅하다고 상주하였으나, 장창의 재능을 아끼는 선제는 이를 받아들이지 않았다.

장창의 수하에 도적 잡는 직무를 맡은 서순이라는 관리가 있었는데, 그는 조정의 대신들이 상주한 일을 알고는 장창이 곧 면직되리라고 예상하였다. 그리하여 어떤 사건을 조사하라는 장창의 명령에 따르지 않고 제멋대로 귀가하였다.

어떤 사람이 그렇게 행동하면 안 된다고 충고하자, 서순은 「나는 경조윤을 위하여 할 만큼 했소이다. 지금 경조윤은 남은 임기가 길어야 닷새일 것이니 어찌 사건을 다시 수사할 수 있겠소(吾爲是公盡力多矣 今五日京兆耳 安能復案事)」라고 말하였다.

장창이 이 말을 듣고 부하들을 시켜 서순을 감옥에 가두게 하였다. 마침 12월이 며칠 남지 않은 때였는데, 당시 한나라의 형법은 매년 12

월에 사형을 집행하도록 규정하였다. 그리하여 형리가 밤낮으로 서순의 사건을 조사하여 사형을 판결하고 즉시 집행하였다.

장창은 사형을 집행하기 전에 서순에게 「닷새 동안의 경조윤이 과연 어떠하냐? 12월도 이미 끝나려 하는데, 너는 더 살 수 있을 것 같으냐(五日京兆竟何如? 冬月已盡 延命乎?)」라고 말하고는 처형하였다.

장창은 이 일로 서순의 가족들에게 원한을 사서 결국 경조윤에서 물러났다가 나중에 다시 등용되었다.

「오일경조」는 재임 기간이 매우 짧은 관직이나 그러한 일을 비유하는 성어로 사용된다. 또 임기에 관계없이 아무 때나 관직을 떠나버리는 것을 비유하는 말로도 사용된다.

53. 背邙面洛 浮渭據涇 背邙面洛 浮渭据泾

배망면락 부위거경

❶				배 背	수 水	지 之	진 陣
❷			북 北	망 邙	산 山	천 川	
❸	독 獨	당 當	일 一	면 面			
❹		하 河	도 圖	낙 洛	서 書		
❺		맹 盲	귀 龜	부 浮	목 木		
❻				위 渭	수 水	강 江	운 雲
❼	군 群	웅 雄	할 割	거 據			
❽	부 浮	위 渭	거 據	경 涇			

풀이

❶ 背水之陣 (배수지진) 背水之阵 등**背** 물**水** 의**之** 진**陣**

「배수진」은 물을 뒤에 등지고 친 진을 말한다. 「배수진을 쳤다」 하는 말은, 죽을 각오로 마지막 승부에 임하는 것을 말한다.

임진왜란 때 신립(申砬) 장군이 문경 새재(鳥嶺)로 넘어오는 적을 새재에서 막을 생각을 않고 충주에서 배수진을 치고 있다가 여지없이 패해 전사한 이야기는 너무도 유명하다.

한 신

이 배수진을 쳐서 최초로 성공한 사람은 한신(韓信)이다. 이때부터 배수진이란 말이 전해지게 되었다. 한신이 조나라를 칠 때 이야기다. 한신은 작전을 짜놓고 부하 장수들에게, 「우리 주력부대는 퇴각을 한다. 그것을 보면 적은 진지를 비우고 우리를 추격해 올 것이다. 그러면 제군들은 재빨리 조(趙)나라 진지로 들어가 조나라 기를 뽑아버리고 한나라의 붉은 기를 세워라」 하고 이른 다음, 부관들에게 가벼운 식사를 시키고 나서는 또, 「오늘 아침은 조나라를 이기고 난 다음 모여서 잘 먹기로 하자」 하고 모든 장수들에게 전하게 했다.

장수들은 알았다고 대답만 할 뿐 속으로는 코웃음을 쳤다. 한신은 군리(軍吏)들에게 이렇게 말했다.

「조나라 군사는 유리한 곳을 점령하여 진을 치고 있기 때문에 싸움을 서두르지 않을 것이다. 그리고 적은 우리 쪽 대장기를 보기 전에는 나와 싸우려 하지 않을 것이다」

이리하여 한신은 1만의 군사를 먼저 가게 하여 물을 등지고 이른바 배수진을 치게 했다. 조나라 군사들은 이것을 바라보며 병법을 모르는 놈들이라고 크게 웃었다.

날이 밝자, 한신은 대장기를 세우고 산길을 빠져나갔다. 조나라 군사는 진문을 열고 나와 맞아 싸웠다. 잠시 격전을 계속한 끝에 한신은 거짓 패한 척하며 기를 버리고 강 근처에 배수진을 치고 있는 군사와 합류했다.

한신에게 빼앗긴 성

조나라 군사는 이를 보는 순간, 과연 진지를 텅 비워 두고 앞 다투어 한신의 군사를 쫓았다. 그러나 한신의 군사는 결사적인 반격으로 적을 물리쳤다. 이 사이에 한신이 산속에 매복시켜 놓았던 기마부대가 조나라 진지로 달려가 조나라 기를 뽑고 한나라 기를 세워 두었다.

한신을 추격해서 잡지 못하고 돌아오던 조나라 군사는 붉은 기를 바라보는 순간 이미 진지가 적의 수중에 든 줄 알고 당황하기 시작했다. 여기에 한신의 군사가 뒤를 다시 덮치고 들자, 앞뒤로 적을 맞은 조나라 군사는 싸울 용기를 잃고 뿔뿔이 흩어져 버렸다. 마침내 대장은 죽고 왕은 포로가 되었다. 승리를 축하하는 술자리에서 장수들은 한신에게 물었다.

「병법에는 산을 등지고 물을 앞으로 진을 치라고 했는데, 장군께선 물을 등지고 진을 쳐서 이겼습니다. 그리고 조나라를 이기고 나서 아침을 먹자고 하시더니 과연 말대로 되었습니다. 이것은 무슨 전법입니까?」

그러자 한신은 대답했다.

「이것은 병법에 있는 것이다. 제군들이 미처 몰랐을 뿐이다. 병법에 『죽을 땅에 빠뜨려 두어야 사는 길이 있다』 고 하지 않았는가. 그리고 우리 군사는 아직 오합지졸이다. 이들을 결사적으로 싸우게 하려면 죽을 곳을 뒤에 두지 않으면 안 된다」

모든 장수들은 탄복했다.

❷ 北邙山川(북망산천)

北邙山川 북녘 **北** 산 이름 **邙** 뫼 **山** 내 **川**

사람이 죽어서 파묻히는 곳. 중국에 있는 북망산(北邙山).

중국 하남성(河南省) 낙양 북쪽에 있는 작은 산 이름이다. 낙양은 BC 11세기에 주(周)나라 성왕(成王)이 이곳에 성을 쌓은 이래 후한(後漢)을 비롯한 서진(西晉)·북위(北魏)·후당(後唐) 등 여러 나라의 도읍지로서 역사적으로 번창하였던 곳이다. 그만큼 낙양에는 많은 귀인 명사들이 살았으며, 이들이 죽은 뒤 대개 북망산에 묻히고 있어 이곳에는 한나라 이후의 역대 제왕과 귀인 명사들의 무덤이 많다.

이와 같은 연유로 어느 때부터인가 북망산이라고 하면 무덤이 많은

낙양의 북망산 제능(帝陵)

곳, 사람이 죽어서 가는 곳의 대명사처럼 쓰이게 되었고, 지금도「북망산천(北邙山川)」하면 무덤이 많은 곳, 사람이 죽어서 가는 곳, 또「북망산 가는 길」하면 사람의 죽음을 뜻하는 말로 쓰이고 있다. 현재는 주변에 논밭이 생기고 목장도 들어서 있다.

조선시대의 은사(隱士), 즉 숨어살던 선비 가운데 김창업(1658~1721)이란 사람의 이런 시조가 있다.

벼슬을 저마다 하면 농부 할 이 뉘 있으며
의원이 병 고치면 북망산이 저러하랴
아이야 잔 가득 부어라 내 뜻대로 하리라.

❸ 獨當一面 (독당일면)

独当一面 홀로 **獨** 마땅히 **當** 한 一 얼굴 **面**

혼자서 한 부분이나 한 방면을 담당하다. 후한의 역사가 반고(班固)가 저술한 《한서》 장량전에 있는 이야기다.

장량(張良)은 유방의 유능한 보좌역으로서 유방과 항우가 천하를 다투었던 초나라와 한나라의 전쟁에서 많은 계책을 내놓은 사람이며 한 왕조 개국공신의 한 사람이었다.

어느 날, 유방은 그의 본거지 관중으로부터 대군을 움직여서 동쪽으로 초패왕 항우를 공격하였다. 처음에는 한군의 군사행동이 순조롭게 진행되어 초나라의 도읍인 팽성까지 순식간에 점령하고 말았다.

한고조 유방

그러나 항우가 즉시 반격을 가하는 바람에 한군은 여지없이 무너져 후퇴하게 되었다. 이 때문에 유방은 기세가 꺾여 의기소침해지게 되었다. 퇴군 도중 말에서 내려 휴식을 취할 때 그는 분개하며 장량에게 말했다.

「나의 한을 풀어주는 사람에게 함곡관 동쪽 지방을 떼어 주겠다. 이런 큰 공을 세울 수 있는 인재는 누구인가?」

장량이 대답했다.

「구강왕 경포는 아주 날랜 장수인 줄 아옵니다. 그는 초나라 장수이지만 줄곧 항우와 반목하고 있습니다. 그리고 만여 명의 군대를 거느리고 있는 팽월(彭越)은 제왕(齊王)으로 자처하고 있는 전영의 사주를 받아 양(梁)지방에서 초나라에 반기를 들고 일어났습니다. 그러니 구강과 양, 이 두 지방에 급히 사람을 띄워 연락을 하는 것이 좋겠습니다. 그리고 주공의 부하 장수들 중에서는 오직 한신(韓信)이 큰일을 맡아 한 방면의 중임을 책임질 수 있습니다(獨韓信可屬大事 當一面). 주공께서 만약 관동 땅을 공을 세운 사람에게 주려 한다면 이 세 사람이 마땅할 것

장 량

입니다. 그들은 기필코 항우를 격파할 것입니다」

「독당일면」은 바로 장량의 말에서 처음 나온 것이다. 유방은 당시 장량의 제의를 받아들이고 즉시 경포와 팽월에게 연락을 취하는 동시에 한신을 중용하였다. 전하는 바에 따르면 유방이 항우를 꺾고 한왕조를 세우기까지는 이 세 사람의 공로가 가장 컸다고 한다.

「독당일면」은 장량이 한나라를 세우는 데 큰 공을 세운 한신에 대하여 한 말에서 유래한 성어로, 혼자서 중요한 일을 책임질 만큼 한 부분의 임무를 맡기에 충분한 재능이 있다는 말이다.

❹ 河圖洛書(하도낙서) 河图洛书 강 **河** 그림 **圖** 강이름 **洛** 글 **書**

경사스러운 일이 일어날 조짐을 이르는 말. 성왕(聖王)이나 명군(明君)이 출현할 길조(吉兆).

《역경》 계사전에 있는 말이다.

옛날 황하에서 용마(龍馬)가 낙수(洛水)에서 신귀(神龜)가 신비스러운 그림을 지고 떠올라와 성인(聖人)의 출현을 알리고, 태평성세의 도래를 고했다는 전설에 따른 것이다.

복희(伏羲)는 하도(河圖)를 바탕으로 주역의 팔괘(八卦)를 만들었으

하도낙서

며, 우왕(禹王)은 낙서를 기초로 하여 세상을 다스리는 아홉 가지 법(홍범구주, 洪範九疇)을 정했다고 전해진다.

고대 중국에서 서상(瑞祥)이나 수명(受命)의 심벌이 된 신비적인 다이아그램, 「도서(圖書)」라고도 하는데, 「하도」와 「낙서」는 본래는 별도의 것으로, 「하도」는 황하에서 출현한 용마의 등에, 「낙서」는 낙수에서 출현한 신귀(神龜)의 등에 각각 쓰였다고 한다.

맹 귀 부 목
❺ 盲龜浮木

盲龜浮木　소경 **盲** 거북 **龜** 뜰 **浮** 나무 **木**

큰 바다에 사는 눈먼 거북이가 3백 년마다 물속에서 머리를 내놓고 숨을 쉬는데, 파도를 타고 흘러온 나무의 구멍 속으로 거북이의 머리가 쑥 들어간다는 말. 즉 매우 희박한 확률의 우연성을 나타내는 비유를 이르는 말이다.

인간으로 태어나는 것도, 불법(佛法)을 만나는 것도 매우 어렵다는 것을 비유하는 말이다. 맹귀우목(盲龜遇木)이라고도 한다. 《아함경(阿含經)》 유 천재일우(千載一遇).

❻ 渭樹江雲(위수강운) 渭树江云 강이름 **渭** 나무 **樹** 강 **江** 구름 **雲**

두보 초당

위수(渭水)에 있는 나무와 위수를 지나와 강수(江水) 위에 떠 있는 구름이라는 뜻으로, 먼 곳에 있는 벗을 생각하는 정이 간절함. 멀리 떨어져 있는 벗이 서로 그리워하는 말로 쓰임.

한 사람 두보(杜甫)는 위수의 북쪽 장안에, 한 사람 이백(李白)은 고소(枯蘇)에서 유랑하며 강의 동쪽에 있어 서로 떨어져 있음. 두보의 「춘일억이백(春日憶李白)」 시에 있는 말이다.

위수의 북쪽 여기는 봄 나무들 한창 싱그러운데,
강동 그 쪽은 해 저무는 날 구름이 마음 설레게 하리.

渭北春天樹 江東日暮雲　위북춘천수 강동일모운

「봄철의 나무와 저문 날의 구름」이라는 뜻의 「춘수모운(暮雲春樹)」도 이 시에서 나온 성어이다.

7 群雄割據 (군웅할거) 群雄割据 무리 **群** 수컷 **雄** 나눌 **割** 의거할 **據**

수많은 영웅들이 자신의 근거지를 차지한 채 세력을 다툼.

웅(雄)은 동물의 수컷을 가리키는 글자인데, 그 뜻이 확대되어 「승리하다, 영웅」과 같은 뜻까지 갖게 되었다. 그렇다면 암컷은? 자(雌, 암컷 자). 이로부터 서로 힘을 다투거나 경쟁하는 모습을 가리켜 「자웅(雌雄)을 겨루다」라는 표현을 쓰기도 한다.

8 浮渭據涇 (부위거경) 浮渭据泾 뜰 **浮** 강 이름 **渭** 의거할 **據** 통할 **涇**

위수를 위로 띄우고 경수를 움켜쥐고 있다.

《천자문》에 있는 말이다.

「뒤로는 북망산을 두고 앞으로는 낙수를 바라보며, 위수를 위로 띄우고 경수를 움켜쥐고 있다(背邙面洛 浮渭據涇)」

낙양(洛陽)은 북망산(北邙山)을 배경으로 하여 낙수(洛水)를 바라보는 위치에 있으며, 장안은 위수(渭水) 가에 떠 있으면서 경수(涇水)를 의지하고 있다. 배망(背邙)은 동경(東京 : 낙양)의 위치를 가리키고, 부위는 서경(西京 : 장안)의 위치를 가리키고 있다.

북망산을 뒤로 두고 앞으로는 낙수를 바라본다는 것은, 고대 중국인들이 길지(吉地)로 여겼던, 북으로는 산을 등지고 남으로는 강을 바라보는 「배산임수(背山臨水)」를 말하는 것이다.

54. 宮殿盤鬱 樓觀飛驚 (궁전반울 누관비경) 宫殿盘郁 楼观飞惊

❶			月(월)	宮(궁)	姮(항)	娥(아)	
❷	伏(복)	魔(마)	之(지)	殿(전)			
❸			杯(배)	盤(반)	狼(낭)	藉(자)	
❹	宮(궁)	殿(전)	盤(반)	鬱(울)			
❺		近(근)	水(수)	樓(누)	臺(대)		
❻	袖(수)	手(수)	傍(방)	觀(관)			
❼				飛(비)	蛾(아)	赴(부)	火(화)
❽		打(타)	草(초)	驚(경)	蛇(사)		

풀이

❶ 月宮姮娥 (월궁항아) 月宮姮娥 달 **月** 집 **宮** 항아 **姮** 예쁠 **娥**

전설에서, 달에 있는 궁(宮)에 산다는 선녀. 견줄 만한 사람이 없을 정도로 아름다운 여자를 비유적으로 이르는 말. 항아(姮娥) 또는 상아(嫦娥)라고도 하는 중국 신화의 인물.

《회남자(淮南子)》에는 하(夏)나라 때 사람으로 활을 잘 쏘았다고 하는 후예(后羿)가 서왕모(西王母)에게 불사약(不死藥)을 청해 얻었으나 항아가 이를 훔쳐 달에서 도주하였다가 두꺼비가 되었다고 기록되어 있으며, 《영헌(靈憲)》에서는 항아는 후예의 처(妻)로 서왕모의 불사약을 훔쳐 이를 먹고 달에서 도주하였다라고 기재되어 있다. 혹은 항아가 달에서 도주한 뒤 광한궁(廣寒宮)에 살았다고도 기록되어 있으며 도교(道教)에서는 항아가 월신(月神) 또는 태음성군(太陰星君)으로 부르고 있다.

월전항아도(明, 장로)

이 설화는 서왕모가 신선화(神仙化)하면서 발전하여 달 속에 계수나무가 있고 토끼가 떡방아를 찧는다고 하는 등의 이야기로 확대되었으며 이후 미술 측면에서도 많은 비중을 차지하게 되었었다.

중국은 2010년까지 유인 우주선을 달에 착륙시키려는 계획을 이 신화에서 인용하여 항아공정(姮娥工程)이라고 명명하였다.

❷ 伏魔之殿 (복마지전)

伏魔之殿　　엎드릴 **伏** 마귀 **魔** 전각 **殿**

마귀가 숨어 있는 전각(殿閣)이라는 뜻으로, 나쁜 일이나 음모가 끊임없이 행해지고 있는 악의 근거지, 곧 비리(非理)의 온상(溫床)이라는 말이다.

시내암

《수호지》에 있는 이야기다. 《수호지》는 원말 명초(元末明初)의 시내암(施耐庵)이 쓰고, 나관중(羅貫中)이 손질한 것으로 4대 기서(奇書) 중의 하나다.

수령인 송강(宋江)을 중심으로 108명의 유협(遊俠)들이 양산(梁山 : 산동성 수장현 남동) 산록 호숫가에 산채를 만들어 양산박(梁山泊)이라 일컬었으며, 조정의 부패를 통탄하고 관료의 비행에 반항하여 민중의 갈채를 받는 이야기다.

북송(北宋) 인종(仁宗) 때 나라 안에 전염병이 돌자 인종은 신주(信州)의 용호산(龍虎山)에서 수도하고 있는 장진인(張眞人)에게 전염병을 퇴치하기 위해 기도를 드리도록 당부하기 위해 태위 홍신(洪信)을 그에게 보냈다.

홍신이 용호산에 도착하자 마침 장진인이 외출하고 없기에 도관(道觀 : 도교의 절과 같은 곳) 여기저기를 구경하던 중 한 건물 앞에 멈춰 섰다. 그곳 문 위에 「복마지전(伏魔之殿)」이라는 현판이 걸려 있고, 문에는 커다란 자물쇠가 걸려 있었으며, 문짝의 틈새에는 10여 장의 봉함지가 붙어 있었다. 홍태위가 이상히 여겨 물어보았다.

복마전

「이건 무슨 신전이오?」

안내를 하던 도사가 말했다.

「그 옛날에 노조천사(老祖天師)님이 마왕을 진압하신 신전입니다. 함부로 열어서 마왕을 달아나게 하면 큰일 나니 결코 열면 안 된다고 금지되어 오늘에까지 이르고 있습니다」

홍태위는 호기심이 생겨 도사를 위협해 억지로 문을 열게 했다. 들어가 보니 안은 텅 비어 있고, 한복판에 돌비가 있었다. 그리고 그 돌비 뒷면에 「드디어 홍이 문을 열었구나」라는 글이 새겨져 있었다. 홍태위는 그것을 보고 웃었다.

「보라, 몇 백 년 전부터 내가 여기 와서 이걸 연다는 것이 정해져 있었다. 생각건대 마왕은 이 돌에 있는 모양이다. 어서 마왕을 파내라」

도사는 할 수 없이 잔뜩 겁을 집어먹고 돌을 파냈다. 1미터쯤 팠을 무렵 2미터 사방쯤의 돌 뚜껑이 눈에 띄었다. 홍태위의 재촉에 못 이겨

양산박 108호걸

마지못해 그 뚜껑을 열자 굉음과 함께 검은 연기가 치솟다가 금빛으로 변하면서 사방팔방으로 흩어져버렸다. 이에 홍신과 안내인은 넋이 빠졌다. 그때 장진인이 돌아왔다. 그는 넋 나간 사람처럼 멍청하게 홍태위에게 말했다.

「당치않은 짓을 하셨군요. 그곳은 서른여섯의 천강성(天罡星)과 일흔둘의 지살성(地煞星), 합해서 108의 마왕을 가두어 둔 곳입니다. 이것들을 풀어놓았으니, 마왕들은 머지않아 천하에 소란을 일으킬 것이 틀림없습니다」

홍태위는 겁에 질려 허둥지둥 도성으로 돌아왔으나, 마왕을 풀어놓은 일은 단단히 입막음해 놓았다. 그로부터 약 50년 후 철종 때에 장진인이 염려했던 대로 108의 마왕은 송강 등 108명의 사나이로 환생하여, 운명의 실에 의해 양산박으로 끌어들여져 《수호전》의 이야기가 시작되는 것이다.

❸ 杯盤狼藉 (배반낭자)

杯盘狼藉 잔 **杯** 쟁반 **盤** 어지러울 **狼** 자리 **藉**

술 마신 자리의 어지러운 모습.

「배반이 낭자하다」는 말은 널리 쓰이는 말이다. 술잔과 안주접시가 질서 없이 뒤섞여 있다는 뜻으로, 술을 진탕 마시며 정신없이 놀고 난 자리의 어지러운 모습을 말한다.

《사기》 골계열전에 있는 이야기다.

전국시대 초기, 제(齊) 위왕(威王) 때 순우곤(淳于髡)이란 키가 작고 익살스런 사람이 있었다. 때마침 제(齊)나라가 초(楚)나라의 공격을 받고 있었기 때문에 조(趙)나라로 원병을 청하게 되었다.

주백 순우곤

그 때 순우곤이 제나라의 사신으로 조나라에 가서 보기 좋게 10만 정병을 얻는 데 성공, 때문에 초나라는 손을 뗄 수밖에 없게 되었다. 그래서 바야흐로 제나라의 후궁에서는 축하연이 한창이었다.

위왕은 그 자리의 주인공 순우곤에게 물었다.

「선생은 어느 정도 마시면 취하는지요?」

「한 말로도 취하고 한 섬으로도 취합니다」

곤은 수수께끼를 좋아하는 제왕에게 수수께끼 같은 대답을 하였다. 그러자 제왕은 그 설명을 재촉했다.

「한 말로 취하는 사람이 한 섬을 마실 수야 없지 않겠소. 어떻게 하는 말씀이신지?」

순우곤은 점잔을 빼면서, 술이란 마시는 사람의 기분에 따라 취하는 양이 달라지는 예를 차례로 들어 말하며, 끝으로 한 섬을 마시게 되는 경우를 말했다.

배반낭자

「날이 저물어 술이 얼근해졌을 때, 술통을 한데 모으고 무릎을 맞대며 남자와 여자가 한자리에 앉아, 신발이 서로 엇갈리고, 술잔과 안주 접시가 어지럽게 흩어져 있는데 방에 촛불이 꺼지며(……杯盤狼藉 堂上燭滅), 주인이 나만을 붙들어 두고 다른 손들을 보냅니다. 어둠 속에 더듬어 보면 비단 속옷의 옷깃이 풀어진 채 은은히 향수 냄새가 풍기고 있습니다. 이런 때에는 내 마음이 아주 즐거워서 능히 한 섬 술이라도 마실 수 있습니다. 그러기에 말하기를, 술이 극도에 달하면 어지러워지고, 즐거움이 극도에 달하면 슬퍼진다고 합니다. 술뿐이 아니고 모든 일이 다 그렇습니다」

이것은 순우곤이 위왕을 간하기 위해 꾸며낸 이야기다. 그 뒤로 제 위왕은 밤이 새도록 술을 마시는 일을 그만두고 곤을 제후의 주객으로서 연회 시에는 반드시 자기 곁에 두었다고 한다.

「골계전」의 골계(滑稽)는 익살이란 뜻이다.

순우곤은 웃기는 가운데 뜻이 있는 말로써 상대의 마음을 돌려놓는 그런 익살꾼이었다.

「배반낭자」는 소식(蘇軾 : 자는 동파)의 명문 「전적벽부」에도 나온다. 소식이 친구와 마시고 이야기하며 「효핵(肴核 : 술안주)이 이미 떨어져 배반낭자하다」라고 말하고 있다.

❹ 宮殿盤鬱 (궁전반울)

宮殿盘郁 집 **宮** 전각 **殿** 소반 **盤** 울창할 **鬱**

「궁전들이 빽빽하게 들어차 있고, 누관은 새가 날고 말이 놀라 솟구치는 듯하다(宮殿盤鬱 樓觀飛驚)」

창공(蒼空)을 빈틈없이 뒤덮고 있는 전각(殿閣)이 웅장하고 빽빽이 들어차 있는 장관을 말한 것이다. 궁(宮)과 전(殿)은 높고 커 빽빽하게 들어찼고, 고루(高樓)와 관대(觀臺)는 새가 하늘을 나는 듯 솟아 놀라울 정도로 번화하다는 말이다. 궁(宮) · 전(殿) · 누(樓) · 관(觀은) 모두 규모가 크고 장엄한 건조물을 의미한다.

세계 5대궁전 중국 고궁

전각들이 빽빽하게 들어차 있고, 나는 새와 달리는 말이 놀랄 정도로 높이 솟구쳐 있는 누각은 궁궐의 풍경을 묘사한 전형적인 표현이라고 할 수 있다. 또한 그것은 제왕(帝王)이 지닌 부(富)와 권력의 위엄을 상징하는 말이라고 할 수 있다.

❺ 近水樓臺 (근수누대)

近水楼台 가까울 **近** 물 **水** 다락 **樓** 돈대 **臺**

권력을 가진 사람에게 접근하여 덕을 봄.

「근수누대(近水樓臺)」는 물가에 있는 누각이나 정자라는 뜻으로, 「근수누대선득월(近水樓臺先得月)」을 줄인 말이다. 즉 권력을 가진 사람에게 접근하여 덕을 보는 것을 비유한 말이다.

송(宋)나라 유문표(兪文豹)의 《청야록(淸夜錄)》에 있는 이야기다.

근수누대

중국 북송(北宋) 때의 정치가이자 학자인 범중엄(范仲淹, 989~1052)이 항주(杭州) 인근 전당(錢塘)에서 지방관으로 근무할 때였다. 그는 인근 관리들 가운데 인재를 조정에 추천해 적재적소에 쓰일 수 있도록 도왔다. 어느 날, 외지 순찰을 도느라 범중엄의 눈에 들지 못한 소린(蘇麟)이 시를 지어 보냈다.

물 가까이 있는 누대는 먼저 달을 얻을 수 있고,
햇빛 향한 꽃나무는 쉽게 봄을 맞을 수 있네.

近水樓臺先得月 向陽花木易爲春 근수누대선득월 향양화목이위춘

소린의 시를 읽은 범중엄은 벼슬을 얻지 못한 그의 뜻을 알고 나서 소린을 추천하였다고 한다.

자신의 사람 보는 눈이 부족함을 깨달은 범중엄은 곧 그가 원하는 부서에 추천서를 써주었다. 그로부터 실력자의 눈에 들어야 출세할 수 있다는 뜻의 「근수누대」란 성어가 생겼다.

이 「근수누대」는 여러 가지 용례로 사용된다.

배산임수(背山臨水)의 뛰어난 지리적 요건, 또 정계나 기업 등에서의 인사, 즉 가까운 사람 등용하기 등으로 이 성어가 쓰인다.

❻ 袖手傍觀 (수수방관) 袖手傍观 소매 **袖** 손 **手** 곁 **傍** 볼 **觀**

팔짱을 끼고 보고만 있다는 뜻으로, 직접 손을 내밀어 관여하지 않고 그대로 내버려둠을 이르는 말.

해야 할 일에 간섭하지 않고 그대로 둔다는 것으로, 내가 상관할 일이 아니라는 뜻의 「오불관언(吾不關焉)」과 비슷한 말이다.

이런 사람들은 대부분 「굿이나 보고 떡이나 먹자」는 생각을 품고 있기 십상이다. 상황이 어떻게 되든 관여치 않는 게 아니라 자기에게 유리해지면 끼어드는 경우가 다반사(茶飯事)다.

옛날에는 옷에 주머니가 거의 없었으므로 소매가 의복의 주머니 역할을 하였다. 아무런 생각 없이 습관적으로 가만히 있을 때나 날씨가 추운 날에는 주머니 대신 소매에 손을 넣기도 하였다.

「수수방관」은 소매에 손을 넣는다는 뜻의 수수(袖手)와 곁에서 바라보기만 한다는 방관(傍觀)이라는 말에서 유래하였다. 가까운 곳에서 큰 일이 일어났으나, 해결하려고 하지 않고 관심 없이 팔짱을 끼고 바라보기만 한다는 뜻이다.

우리 속담의 「강 건너 불구경하듯 한다」와 같은 뜻으로, 자기와는 상관없는 일이라고 다른 사람의 일에 관심이 없는 태도를 보일 때 쓰인다. 어떤 해야 할 일에 전혀 관여하지 않고 그대로 내버려둔다는 말이다.

❼ 飛蛾赴火 비아부화 飞蛾赴火 날 飛 나방 蛾 나아갈 赴 불 火

스스로 위험 속으로 뛰어 들어가 멸망을 초래함. 재앙에 몸을 던지는 일을 의미하는 말이지만, 이 말의 본뜻은 요즘의 뜻과는 약간 다르다.

「나방이 불로 날아든다」는 뜻으로, 스스로 위험한 곳으로 들어간다는 말이다. 당나라의 요사렴(姚思廉, 557~637)이 편찬한 양(梁)나라의 정사(正史)인 《양서(梁書)》 도개전(到漑傳)에 있는 이야기다.

남조(南朝) 양(梁)나라의 초대 황제인 무제는 훌륭한 문장력을 지닌 정치가 도개를 등용하여 나라의 정사를 논의하였다. 도개의 아들 도경(到鏡)은 일찍 죽고 손자 도신(到藎)이 할아버지 도개를 이어 무제에게 등용되었으며, 도신은 문장이 뛰어나고 총명하였다.

도개는 손자 도신과 함께 무제를 수행하여 경구(京口, 지금의 강소성 鎭江)의 북고루(北顧樓)에 올라가 경치를 구경하였다. 무제가 도신에게 시를 지어보라고 하자, 도신은 누대에서 시 한 수를 지었다. 도신의 시를 읽고 난 무제는 도개에게 물었다.

「도신은 뛰어난 재능을 가졌구려. 그런데 경이 쓴 문장이 손자가 지은 것은 아닌가?」

그리고 무제는 다시 도개에게 이런 글을 지어 주었다.

「벼루에 먹을 갈아 글을 짓고, 붓은 털끝을 날려 편지를 쓰지만, 나방이 날아서 불 속으로 달려가는 듯하니 몸을 불사르는 것을 어찌 멈추겠는가(如飛蛾之赴火 豈焚身之可吝)? 반드시 늙어서는 거기에 이를 것이라. 진실로 이를 도신에게 물려 주리로다」

나이 든 도개가 지은 글이 손자에게 비할 수 없어 그 명예를 손자 도신에게 물려주라는 뜻이다.

도개가 상동왕(湘東王) 밑에서 벼슬을 하고 있을 때, 고조가 상동왕에게 말했다.

「도개는 네게 신하로 있을 인물이 아니다. 그는 너의 스승이니, 항상 그의 의견을 들으라」

양무제

도개는 키가 8척이요, 위풍당당하며 행동이 단정했다. 게다가 청렴결백하였고, 스스로 수업하면서 검소한 생활을 했다. 그의 방에는 책상과 의자가 있을 뿐, 시녀를 두는 일도 없었고, 의복도 관복 외에는 차려 입지 않았으며, 관이나 신발도 낡아 떨어질 때까지 썼다. 그의 남루한 모습에 천자가 행차할 때 통행금지를 당하여, 조관(朝官)의 증명을 내보여야 하는 때도 있었다.

고조는 도개를 장기 친구로 삼아 때로는 밤을 새우는 일도 있었는데, 도개의 집 뜰에 별난 돌이 있어, 고조가 장난삼아 그 돌과 《예기(禮記)》의 일부를 장기 내기에 걸게 했다. 그런데 도개가 장기를 졌는데도 도시 그것들을 고조에게 갖다 바치지 않으므로, 고조는 빨리 가져오라고 독촉을 했다.

그러자 도개는, 「폐하를 모시는 몸으로 어찌 예(禮 : 《예기》를 이름)를 잃어서야 되겠나이까?」라고 말하여 고조도 웃고 말았다.

「비아투화(飛蛾投火)」라고도 한다.

❽ 打草驚蛇 (타초경사) 打草惊蛇 칠 打 풀 草 놀랄 驚 뱀 蛇

「풀을 두드려 뱀을 놀라게 한다」는 뜻으로, 일처리가 재빠르지 못하고 행동이 신중하지 못해서 남의 경계심을 일으키게 하는 행동을 비유하거나, 한쪽을 징벌해서 다른 한쪽을 경계함을 뜻하기도 한다.

송나라 때 문인 정문보(鄭文寶)의 《남당근사(南唐近事)》에 있는 이야기다.

왕노(王魯)라는 사람이 당도령((當塗令, 안휘성 부근)의 현관(縣官)으로 있을 때 왕의 명령을 어기고 많은 재물을 횡령한 일이 있었다.

하루는 왕노가 문건들을 검사하던 중 한 백성의 공소장을 읽다가 그의 측근 주부가 법을 어기고 남의 재물을 횡령한 일이 있었다는 사실을 알게 되었다.

그러나 횡령은 사실 왕노 자신도 적지 않게 저질렀던 터이므로 주부의 횡령 역시 그 대부분이 왕노가 연루되어 있었다.

왕노는 주부를 불러 말했다.

「너희들이 비록 풀밭을 건드렸지만, 나는 이미 놀란 뱀이 되어버렸다(汝雖打草 我已驚蛇)」

이것은 백성들이 자기 부하들의 비리를 고발한 것은 곧 우회적으로 자신의 비리를 고발하는 것이라고 생각해 지레 겁을 먹은 것이다. 이렇게 해서 주부를 징계해서 왕노를 각성하게 하려 한 백성들의 의도는 충분히 달성되었다.

《삼십육계》에 있는 「타초경사」는 뱀을 찾아내어 잡는 것이 그 목적으로, 뱀을 잡기 위해서는 자기 스스로 놀라는 척하며 풀밭을 두드리라고 한다. 즉, 변죽을 울려 적의 정체를 드러나게 함을 비유하는 말이다.

55. 圖寫禽獸 畫綵仙靈 (도사금수 화채선령) 图写禽兽 画彩仙灵

❶				圖(도)	窮(궁)	匕(비)	見(현)	
❷			圖(도)	寫(사)	禽(금)	獸(수)		
❸			良(양)	禽(금)	擇(택)	木(목)		
❹		人(인)	面(면)	獸(수)	心(심)			
❺				畫(화)	虎(호)	類(유)	狗(구)	
❻				綵(채)	緞(단)			
❼				仙(선)	風(풍)	道(도)	骨(골)	
❽	人(인)	傑(걸)	地(지)	靈(령)				

풀이

❶ 圖窮匕見 (도궁비현) 图穷匕见 꾀할 **圖** 궁할 **窮** 비수 **匕** 드러날 **見**

지도를 펼치자 비수가 나타난다는 뜻으로, 일이 탄로 나는 것을 이르는 말. 《사기》 자객열전에 있는 이야기다.

전국시대 연나라는 진(秦)나라의 침범을 자주 받곤 하였는데, 태자 단(丹)까지 인질로 진나라에 잡혀간 일조차 있었다. 단은 훗날 본국으로 돌아온 뒤 늘 복수를 꿈꾸면서 진왕 정(政 : 뒷날의 진시황)을 암살할 계획을 꾸미던 중에 형가(荊軻)라는 자객을 만나게 되었다.

형가는 원래 위(衛)나라 사람이었다. 나중에 연(燕)나라에 와서 고점리 등 협객들과 사귀면서 뜻을 키우고 있었다. 그때 태자 단은 원한을 갚을 마음이 간절했기 때문에 자신의 스승 국무를 통해 형가를 만나게 되었고, 세 사람이 함께 복수할 방도를 상의하게 되었다.

이리하여 형가는 그때 진왕에게 미움을 받아 연나라에 피신해 있던 진나라 장수 번오기(樊於期)의 머리를 베어 가지고 연나라의 남부지방인 독항(督亢)의 지도와 함께 칼날에 독을 바른 비수를 지도 안에 넣어 가지고 연나라의 사절로 진나라로 떠날 여장을 갖추었다.

태자가 출발하기를 재촉했으나 동행하기로 한 친구가 도착하지 않으므로 형가가 내켜하지 않자, 태자는 진무양(秦武陽)이라는 불량배를 주선하며 서둘렀다.

유능하고 믿을 만한 자신의 친구 대신 진무양을 데리고 가는 것이 못마땅했으나 시간이 촉박하므로 형가는 할 수 없이 진왕 암살이라는 중차대하고도 험난한 사명을 짊어지고 역수(易水)를 건너 진나라를 향해

진왕을 암살하려는 형가

길을 떠났다.

이윽고 진나라 수도 함양에 도착한 형가는 진왕의 총신인 몽가(蒙嘉)에게 거액의 뇌물을 주어 진왕과의 접견을 주선토록 부탁했다. 형가가 진왕이 탐내는 연나라의 옥토(沃土)인 독항(督亢) 땅의 지도와 번오기의 머리를 바치려 한다는 전갈을 들은 진왕 정은 매우 기뻐하여 접견을 허락했다.

형가는 진왕의 어전에 나아가 진무양이 들고 온 독항의 지도를 받들어 바치게 했는데, 진무양이 새파랗게 질려 덜덜 떨므로 진나라 군신들이 수상하게 여기는 것이었다. 그러자 형가가 말했다.

「북쪽 오랑캐 시골뜨기라 천자를 처음으로 대하니 두려워서 그렇습니다. 용서하소서」

그리고는 자신이 지도를 꺼내 펼쳤다. 지도를 다 펼치자 거기에 진왕을 죽이려고 숨겨간 비수가 드러났다(秦王發圖 圖窮而匕首見).

진왕이 깜짝 놀라는 순간 형가가 재빨리 칼을 움켜쥐고 진왕의 소매를 붙잡아 찔렀으나 진왕이 도망치는 바람에 소매를 베는 데 그쳤다. 진왕과 형가는 전각의 기둥을 싸고돌며 쫓고 쫓기는 소동이 벌어졌다.

진나라 법에는 불경스러운 일이 있을 것을 우려하여 전상(殿上)에는 아무도 무기를 소지할 수 없게 되어 있었으므로 오직 왕만이 칼을 차고 있었는데 빼어 쓰기가 용이하지 않을 뿐만 아니라 쫓기느라 정신이 없었다. 측근들이 왕에게 소리 질러 말했다.

「폐하, 칼을 등으로 돌리소서!」

왕이 얼른 칼을 등에 지고 이를 빼어 형가의 다리를 베었다. 형가도 온 힘을 다해 왕에게 비수를 날렸으나 역부족으로 그만 진왕의 칼에 베이고 말았다.

그러는 동안에도 진무양은 벌벌 떨며 속수무책으로 바라만 보고 있었다. 마침내 형가는 몸뚱이가 갈기갈기 찢겨져 처참하게 살해되었고 죽은 뒤 그 시체는 저자 거리에 효시되었다.

이와 같이 「도궁비현」은 일의 진상이 모두 드러나 탄로 나면서 모략이 폭로되는 것을 말한다.

❷ 圖寫禽獸 (도사금수) 图写禽兽 그림 **圖** 그릴 **寫** 새 **禽** 짐승 **獸**

온갖 새와 짐승을 그림으로 그리다. 《천자문》에 있는 말이다.

「온갖 새와 짐승을 그림으로 그렸고, 신선과 신령한 것들을 곱게 색칠해 그렸다(圖寫禽獸 畵綵仙靈)」

아름다움을 다한 궁전 내부의 미관을 묘사한 말이다. 누각 안에는 금수를 그린 그림이 있다. 용·호랑이·기린·봉황 등을 그렸다. 또한 다섯 가지 채색으로 신선들의 모습도 그렸다.

명공(名工)들의 솜씨로 이루어진 새와 짐승의 그림은 임금과 국가의 성운(盛運)을 비는 뜻에서 그린 것이고, 늙어도 죽지 않는 신선을 그려 사람들은 장수를 빌었다.

제왕들이 궁궐을 장식하는 사물로 선택한 것들이 담고 있는 뜻을 쉽게 이해할 수 있다. 하나는 제왕의 권력과 권위, 그리고 성군(聖君)의 출현을 나타내고자 한 것이고, 다른 하나는 제왕과 왕조의 영원한 지속과 번영을 나타내고자 한 것이었다.

❸ 良禽擇木 (양금택목) 良禽择木　좋을 **良** 새 **禽** 가릴 **擇** 나무 **木**

좋은 새는 좋은 나무를 가려서 둥지를 튼다는 뜻으로, 현명한 사람은 자기 재능을 알아주고 지원해 줄 사람을 후원자로 선택해야 한다는 의미다. 《춘추좌씨전》 애공 11년에 있는 말이다.

공자의 천하주유상

공자가 천하를 돌아다니며 치국의 도를 유세하기 위해 위(衛)나라에 갔을 때의 일이다. 어느 날, 위나라 대부 공어(孔圉 : 孔文子)가 대숙질(大叔疾)을 공격하기 위해 공자에게 상의했다. 이에 공자는 이렇게 대답했다.

「제사(祭祀) 지내는 일에 대해서라면 배운 일이 있습니다만, 전쟁에 대해서는 아는 바가 없습니다」

그 자리를 물러나온 공자는 제자에게 서둘러 수레에 말을 매라고 일렀다. 제자가 그 까닭을 묻자, 공자는 이렇게 대답했다.

「좋은 새는 나무를 가려서 둥지를 튼다고 했다(良禽擇木). 현명한 신하는 훌륭한 군주를 섬겨야 하느니라」

이 말을 전해들은 공문자가 급히 달려와 만류했다.

「결코 다른 뜻이 있어서 여쭌 것이 아니오. 단지 위나라의 대사에 대해 알고 싶었을 뿐이니 언짢게 생각 말고 좀 더 머무르시오」

공자는 노령의 몸으로 고향생각도 간절하여 그냥 노나라로 돌아갔다. 이 이야기에서 「양금택목」은 현명한 사람이 자기 재능을 알아주는 훌륭한 사람을 잘 택하여 섬긴다는 뜻으로 쓰이는 말이 되었다.

❹ 人面獸心 (인면수심) 人面兽心 사람 **人** 얼굴 **面** 짐승 **獸** 마음 **心**

사람의 얼굴을 하고 있으나 마음은 짐승과 같다는 뜻으로, 마음이나 행동이 몹시 흉악함을 이르는 말이다. 그러나 「인면수심」의 원래의 뜻은 이와 다르다. 후한의 역사가 반고(班固)가 지은 《한서》 흉노전에 있는 이야기다.

흉 노

흉노는 몽골고원 만리장성 일대를 중심으로 활동한 유목 기마민족(騎馬民族)과 그들이 형성한 국가들의 총칭이다. 주(周)나라 때부터 계속 중국 북방을 침입해 중국인들은 북방 오랑캐라는 뜻으로 이들을 흉노로 불렀다. 반고는 흉노전에서 이들을 가리켜 이렇게 표현했다.

「오랑캐들은 머리를 풀어헤치고 옷깃을 왼쪽으로 여미며, 사람의 얼굴을 하였으되 마음은 짐승과 같다(夷狄之人 被髮左衽 人面獸心)」

좌임 우임

이 글을 통해 반고가 말한 인면수심은 본래 미개한 종족으로서의 북쪽 오랑캐, 즉 흉노를 일컫는 말임을 알 수 있다.

「머리를 풀어 헤치고 옷깃을 왼쪽으로 여민다(被髮左衽)」는 말은, 중국 한족(漢族)의 풍습과는 다른 미개한 종족의 풍속을 일컫는 말로, 역시 오랑캐의 풍속을 가리킨다.

따라서 남의 은혜를 모르거나, 마음이 몹시 흉악한 사람을 가리킬 때의 「인면수심」은 뒤에 덧붙인 것임을 알 수 있다.

「인면수심」과 비슷한 말로는 「의관을 갖춘 짐승」 곧 횡포하고 무례한 관리를 비난하는 말로 「의관금수(衣冠禽獸)」가 있다.

❺ 畵虎類狗 (화호유구)

畵虎类狗 그릴 **畵** 범 **虎** 무리 **類** 개 **狗**

호랑이를 그리다가 이루지 못하면 도리어 개와 비슷하게 된다는 뜻의 「화호불성반류구(畵虎不成反類狗)」의 준말이다.

선불리 훌륭한 사람의 언행을 모방하려고 하면 도리어 경박한 사람이 됨을 비유하여 이르는 말. 또는 제 소양이나 능력을 돌보지 않고 큰 일을 꾀하다 실패함을 이르는 말.

《후한서》 마원전(馬援傳)에 있는 이야기다.

후한 광무제 때 용맹을 날렸던 복파장군(伏波將軍) 마원이, 그가 싸우고 있던 교지(交阯 : 지금의 월남)에서 그의 조카 마엄과 마돈에게 편지로써 타이른 말 가운데 나오는 문자다. 마원이 복파장군으로 임명되어 징칙(懲側)과 징이(徵貳)의 반란을 토벌하기 위해 교지를 공략하고 있을 때였다.

두 조카들은 남을 비평하기를 좋아하고 협객으로 자처하며 철없는 건달들과 어울리기를 좋아했다. 그래서 마원은 그들이 걱정이 되어 전쟁터에서 여가를 빌어 교훈의 편지를 썼던 것이다.

복파장군 마원

「나는 너희들이 남의 잘못을 들었을 때는 부모의 이름을 들었을 때처럼 귀로 들을지라도 입으로 말하지 않기를 바란다. 남의 장단점을 즐겨 비평하거나 나라의 정사를 함부로 비판하는 것은 내가 가장 싫어하는 바다. ……용백고(龍伯高)는 착실하고 신중하여 필요 없는 말을 입 밖에 내지 않으며, 겸손하고 청렴 공정하여 위엄이 있는 사람이다. ……너희들이 이 사람을 본받기를 나는 바란다. 두계량(杜季良)은 호협하여 남의 걱정을 내 걱정으로 하고 남의 즐거움을 내 즐거움으로 하고 있어……그의 부친 초상에는 몇 고을 사람들이 다 모였었다. 나는 이 사람을 사랑하고 존경한다. 그러나 너희들이 이 사람을 배우는 것을 원치 않는다. 용백고를 배우면 비록 그와 같이 되지 못하더라도 근신하고 정직한 사람이 될 수 있다. 이른바 고니를 새기다가 제대로 못 되면 그대로 거위처럼은 된다(刻鵠類鵝)는 것이다. 그러나 만일 두계량을 배우다가 그처럼 되지 못하면 천하의 각박한 인간이 되고 만다. 이른바 범을 그리다가 이루지 못하면 도리어 개처럼 되고 만다(畵虎不成反類狗者也)」

「화호유구」는 이 마원의 편지에서 나온 말인데, 원래는 바탕이 없는 사람이 호걸 흉내를 내면 도리어 경박한 사람이 되고 만다는 뜻이었지만, 너무 큰 것을 욕심내다가 실패하면 망신만 당하고 만다는 그런 뜻으로 널리 쓰이고 있다.

한편 「각곡유아(刻鵠類鵝)」는 고니를 새기려다 이루지 못하더라도 거위와 비슷하게 된다는 뜻으로, 훌륭한 선비를 본받으려다 실패해도 선인(善人)은 될 수 있음을 이르는 말로, 「화호유구」와는 그 뜻이 정반대로 사용된다.

❻ 綵緞(채단) 綵缎 비단, 무늬 **綵** 비단 **緞**

전통혼례 때 혼인에 앞서 납폐(納幣) 때 신랑 집에서 신부 집으로 보내는 예물.

채단은 청단(靑緞)과 홍단(紅緞)의 2단으로 준비한다. 청색 치맛감은 홍색 종이에 싸서 청색 명주 타래실로 묶고, 홍색 치맛감은 청색 종이에 싸서 홍색 명주 타래실로 묶는데, 이는 음양의 결합과 조화를 의미한다.

묶는 방법은 신랑 신부의 마음을 하나로 묶는다는 뜻으로 동심결(同心結 : 영원이라는 뜻을 지니고 있으며 누구나 쉽게 맺을 수 있는 매듭으로 사주단자를 싼 사주보, 보석함, 비녀함 등을 쌀 때 동심결매듭을 3개 연달아 맺는다)을 한다. 혼인이 거짓이 아님을 뜻하는 증표인 혼서지(婚書紙)는 신랑의 아버지가 직접 써서 사당에 고한 다음 검정 겹보자기에 싸서 함께 넣는다.

채 단

채단을 넣은 함은 바닥에 흰 종이나 한지를 깔고 혼수를 차례로 넣는다. 홍단을 먼저 넣고 그 위에 청단을 넣은 뒤 종이를 덮고 싸리나무 가지나 수숫대를 사용하여 혼숫감이 함 안에서 흔들리지 않도록 한 후 뚜껑을 덮는다. 이것을 다시 붉은 보자기로 싸되 네 귀를 맞춰서 싸매고, 남은 귀를 모아 매고 종이를 감은 다음 근봉(謹封)이라고 쓴다. 그리고는 함진아비가 지고 갈 수 있도록 무명으로 만든 끈으로 걸방을 만든다.

신부 집에서는 함을 열어서 채단을 살펴본 다음에 다시 제자리에 넣는다. 지방에 따라서는 신부 집에서 손으로 함 속을 더듬어서 손에 잡히는 채단으로써 신부의 앞날을 점치기도 하였다.

❼ 仙風道骨 (선풍도골) 仙风道骨 신선 **仙** 풍모 **風** 길 **道** 뼈 **骨**

선풍도골

선인(仙人)의 풍모와 도사(道士)의 골격이라는 뜻으로, 남달리 뛰어난 풍채를 이르는 말.

이백(李白)의 「대붕부서(大鵬賦序)」라는 글에서,

「내가 옛날 강릉에서 천태(天台) 사마자미(司馬子微)를 만났는데, 그가 말하기를, 『신선의 풍모와 도사(道士)의 골격이 있다』고 하였다」는 말에서 유래한다

남달리 뛰어나고 고아한 풍채를 이르는 말이다.

❽ 人傑之靈 (인걸지령) 人杰地灵 사람 **人** 뛰어날 **傑** 땅 **之** 신령 **靈**

인물은 걸출하고, 땅의 형세는 신령스러움.

땅이 좋아야 훌륭한 인물이 난다는 말.

중국에서 인재가 가장 많이 나는 지역은 강소성(江蘇城)·절강성(浙江城)·산동성(山東城)이라고 한다.

「하늘에 천당이 있다면, 땅에는 소주(蘇州, 쑤저우)와 항주(杭州, 항쩌우)가 있다」라는 말은 그 지역의 경제적 풍요로움을 의미하기도 하

지만 문화적 번성에 대한 자부심을 드러내는 말이기도 하다.

등왕각

이 지역을 두고서 왕발(王勃)의 「등왕각서(滕王閣序)」에는 「물화천보(物華天寶)」, 「인걸지령(人傑地靈)」이라는 구절을 써 칭송하고 있다.

56. 丙舍傍啓 甲帳對楹 丙舍傍启 甲帐对楹

병사방계 갑장대영

❶	丙(병) 舍(사) 傍(방) 啓(계)
❷	退(퇴) 避(피) 三(삼) 舍(사)
❸	道(도) 傍(방) 苦(고) 李(리)
❹	榮(영) 啓(계) 期(기) 三(삼) 樂(락)
❺	三(삼) 千(천) 甲(갑) 子(자)
❻	面(면) 帳(장) 牛(우) 皮(피)
❼	對(대) 牛(우) 彈(탄) 琴(금)
❽	甲(갑) 帳(장) 對(대) 楹(영)

풀이

❶ 丙舍傍啓 (병사방계) 丙舍傍启 남녘 **丙** 집 **舍** 곁 **傍** 열 **啓**

신하들이 거처하는 병사(丙舍)는 오른쪽과 왼쪽 양 옆으로 나란히 열려 있다.

《천자문》에 있는 말이다.

「신하들이 거처하는 병사(丙舍)는 오른쪽과 왼쪽 양 옆으로 나란히 열려 있고, 온갖 진주로 장식한 장막은 두 기둥 사이에 드리워져 있다(丙舍傍啓 甲帳對楹)」

자금성의 정전 태화전

제왕들은 궁궐을 지을 때, 궁궐의 중심부인 정전(正殿)의 오른쪽과 왼쪽 양 옆으로 신하들이 머무는 전각을 양쪽에서 마주보게 짓는다. 그리고 정전의 오른쪽과 왼쪽 양 옆에 짓는 전각을 바로 「병사(丙舍)」라고 부른다.

이렇듯 고대 중국에서는 궁궐의 배치와 그 짓는 순서까지 정해 놓고 지켰다. 예를 들자면, 임금이 궁궐을 짓는 순서는 제일 먼저 종묘(宗廟)를 세우고, 마구간과 창고를 그 다음으로 세우고, 자신이 거처할 전각을 가장 나중에 세운다.

❷ 退避三舍 (퇴피삼사) 退避叄舍 물러날 **退** 피할 **避** 석 三 삼십리 **舍**

「물러나 90리를 피하다」라는 뜻으로, 다른 사람과 다투지 않거나 남에게 자리를 양보하기 위해 멀찌감치 물러앉음. 「舍」는 옛날 행군할 때 30리(里)를 이르던 말이다. 대치하고 있는 적군으로부터 충돌을 피하기 위해 멀찌감치 물러남을 비유한 말.

진문공(중이) 복국도(復國圖)

춘추시대 진나라 헌공(獻公)은 애첩의 이간질에 속아 태자인 아들 신생(申生)을 죽이고, 신생의 동생인 중이(重耳)마저 죽이려 하였다. 공자 중이는 도망을 쳐 여러 나라를 돌아다니다가 초(楚)나라에 도착하였다. 초나라 성왕(成王)은 중이가 나중에 반드시 큰 인물이 되리라는 것을 알아보고 예를 다하여 맞이하고는 귀빈으로 대접하며 그에게 물었다.

「공자가 만약 진나라로 돌아가 군주가 될 수 있다면, 나에게 무엇으로 보답을 하겠소?」

중이가 대답하였다.

「아름다운 여자나 옥(玉)이나 비단 같은 것은 이미 많이 소유하고 계시고, 좋은 새 깃(羽)이나 상아(象牙), 모피(毛皮) 같은 것도 다 이곳에서 생산되옵니다. 그것들이 우리나라에 나돈다면, 그건 군주께서 쓰시고 남는 것일 텐데, 제가 무엇으로 군주께 보답해야겠습니까?」

진문공

「그렇다고는 할지라도 무언가 내게 보답을 해야 하지 않겠소?」

그러자 중이는 이렇게 말했다.

「제가 만일 군주의 은혜로 진(晉)나라로 돌아가, 훗날 진나라와 초나라가 군사를 거느리고 중원(中原) 땅에서 만나 싸우게 된다면, 저는 군주를 피해 90리를 물러나고(晉楚治兵 遇于中原 其避君三舍), 그래도 군주께서 싸움을 그만두자는 명을 내리시지 않으신다면, 왼편에는 매와 화살을 들고, 오른편에는 화살자루와 칼집을 차고서는 군주와 같이 달려 나가겠습니다」

이에 성왕의 신하들이 중이를 죽이자고 하였으나, 성왕은 듣지 않았다. 나중에 중이는 진나라로 돌아가 왕위에 올랐는데, 그가 바로 진 문공(晉文公)이다. 문공이 다스린 뒤로부터 진나라는 날로 강성해졌다.

기원전 633년에 진나라는 초나라와 싸우게 되었는데, 문공은 약속을 지켜 군대를 90리 뒤로 물러나도록 하였다. 초나라의 장군은 문공의 뜻을 모르고 두려워서 후퇴한 것이라고만 여겨 결전을 벌였다가 대패하였다.

❸ 道傍苦李 (도방고리) 道傍苦李 길 道 곁 傍 쓸 苦 오얏 李

길가에 있는 쓴 자두열매라는 뜻으로, 남에게 버림받음을 비유하는 말로서, 많은 사람이 무시하는 것은 반드시 그 이유가 있다는 말.

육조시대 송(宋)나라 유의경(劉義慶)이 지은 《세설신어(世說新語)》에 나오는 다음과 같은 이야기에서 비롯된 말이다.

왕 융

왕융(王戎)은 동진(東晉)사람으로, 노장사상에 심취하여 예교(禮敎)를 방패로 권세를 잡으려는 세태에 저항하였다. 평생을 죽림에 묻혀 유유자적하며 청담(淸談)을 즐겨 완적(阮籍), 혜강(嵇康) 등과 함께 죽림칠현으로 불렸다.

왕융이 아직 어렸을 때의 일이다. 동네의 같은 또래 아이들과 어울려 놀고 있는데, 저쪽 길가에 자두나무 한 그루가 가지가 휘어질 만큼 많은 열매를 매단 채 서 있는 것이 보였다. 그것을 본 아이들은 그 열매를 따려고 앞을 다투어 달려갔다. 그런데 왕융 혼자만은 움직이려 들지 않았다. 그래서 지나가던 사람이 물었다.

「너는 왜 열매를 따러 달려가지 않느냐?」

그러자 왕융은 무덤덤하게 대답하였다.

「길가에 있는데, 아직도 저렇게 열매가 많이 매달려 있는 것은 틀림없이 써서 먹지 못할 열매이기 때문입니다」

아이들이 열매를 따 맛을 보니 왕융의 말대로 과연 먹을 수 없는 것이었다. 이 일로 사람들은 왕융의 영민함을 칭찬하면서도 일면 두려워하였다 한다.

❹ 榮啓期三樂 (영계기삼락)

荣啓期叁樂

영광될 **榮** 열 **啓** 때 **期** 석 **三** 즐거울 **樂**

「영계기의 세 가지 즐거움」이라는 뜻으로, 자족(自足)하며 살아가는 인생의 즐거움을 비유하는 말이다.

어느 날, 공자가 태산(泰山)에 가서 산천을 유람하였다. 산모퉁이를 돌고 있는데 한 은자를 만났다. 그의 이름은 영성기(榮聲期 : 榮啓期)로, 세상의 영고성쇠(榮苦盛衰)를 잊어버리고 산야에 묻혀 사는 사람이었다. 그는 사슴가죽으로 만든 옷에 새끼줄로 몸을 묶고 있었다. 그 모습이 보기 측은해 보였던 공자가 물었다.

공 자

「선생은 무슨 즐거움으로 세상을 살아가십니까?」

영성기가 대답하였다.

「하늘이 만물을 만들 때 오직 사람이 가장 귀하다. 그런데 나는 사람으로 태어났으니 이것이 첫 번째 즐거움이요, 남자는 존귀하고 여자는 비천한데 나는 남자로 태어났으니 이것이 두 번째 즐거움이요, 사람 중에는 태어나서 강보에 싸여 벗어나지도 못한 채 죽는 수도 있는데 나는 지금 95세로 장수하고 있으니 이것이 세 번째 즐거움이다(天生萬物 惟人爲貴 吾得爲人一樂也 男尊女卑 吾得爲男二樂也 人生有不免襁褓者 吾行年九十五矣 三樂也)」

이 말을 들은 공자는 한동안 가만있더니 고개를 끄덕거리고는 다시 갈 길을 떠났다. 남녀차별이 사라진 이 시대에 이런 즐거움이 꼭 타당한 것은 아니지만, 자기에게 주어진 삶을 긍정하면서 분수를 알고 살아가는 자세는 여전히 미덕이라고 할 수 있다.

⑤ 三千甲子(삼천갑자) 叄千甲子 석 三 일천 千 첫째 甲 아들 子

일 갑자(60년)의 삼천 배. 곧 18만 년을 이른다. 장수자(長壽者)의 대명사. 삼천갑자라면 「삼천갑자동방삭(三千甲子東方朔)」을 떠올리게 된다.

1,700년 전 전한의 무제(武帝)는 씩씩하고 성격이 괄괄한 전형적인 고대 제국의 전제군주였는데, 그 궁정에 유난히 색다른 인물이 섞여 있었다. 그 이름을 동방삭(東方朔)이라 했다.

《한서》 동방삭전에 있는 이야기다.

무제는 즉위하자, 널리 천하에서 유능한 인사를 등용하려 했다. 그

때 제(齊 : 산동) 사람으로 동방삭이라는 자가 자천(自薦)하기 위하여 상서(上書)를 올렸다. 한 짐 잔뜩 관청에 운반해 온 것은 물경 3천 장의 간독(簡牘 : 대나무에 쓴 글)이었다.

무제는 한 장 한 장 읽었다. 글은 당당하고 안하무인격이었다. 두 달을 걸려 겨우 읽어치운 무제는 동방삭을 낭(郞)에 임명했다. 이제부터는 삭(朔)은 무제를 가까이에서 섬기고, 간혹 부름을 받아 이야기를 서로 주고받았는데, 그 입에서 튀어나오는 말은 기발하여 무제를 몹시 흐뭇하게 하였다. 행실 또한 그러했다.

동방삭

때때로 무제의 앞에서 음식물의 하사가 있으면 먹다 남은 고기를 거리낌 없이 품안에 넣어가지고 돌아가기 때문에 의복은 온통 음식물로 지저분해졌다. 그래서 합사비단(縑帛)을 하사하면 그것을 어깨에 걸치고 돌아가곤 했다. 이런 삭을 정신(廷臣)들은 반미치광이로 취급하였다.

한여름 삼복에는 무제가 정신들에게 고기를 내리는 것이 상례였는데, 그날 고기의 준비는 다 되었어도 분배해 주는 관원이 오지를 않았다. 그러자 삭은 칼을 빼어 고기를 베어서는 품안에 넣고 「먼저 실례합니다」 하고 나가버렸다. 물론 이 일은 무제에게 알려져 동방삭은 무제 앞에 불려가 그 이유를 심문 받았다. 삭은 관을 벗고 절만을 할 뿐, 무제가 다시 묻자 삭은 대답했다.

서왕모도(西王母圖, 淸 임훈)

「정말 상명(上命)을 기다리지 않고 마음대로 고기를 베어가다니, 참으로 무례하기 이를 데 없습니다. 그러나 칼을 빼어 고기를 베다니 참으로 장렬(壯烈)하지 않습니까. 벤 고기는 한 조각에 지나지 않으니 얼마나 염직(廉直)합니까. 게다가 가지고 돌아간 고기는 처에게 주니 얼마나 정다운 일입니까?」

무제는 크게 웃고 술 한 섬과 고기 백 근을 또 내려 「부인에게 갖다 주게나」 했다고 한다.

동방삭은 단지 익살맞은 사람만은 아니었다. 그는 널리 책을 읽었으며, 무제가 못마땅한 일을 하면 서슴지 않고 간하였다. 무제가 엄청난 백성을 동원하여 상림원(上林苑 : 秦・漢대 천자의 동산 이름)을 지으려고 했을 때에도 서슴지 않고 반대했다.

그는 공경(公卿)이라 할지라도 꺼리지 않았을 뿐만 아니라, 오히려 이것을 번롱(翻弄)하였다. 술에 취하면, 「나는 궁중에서 세상을 피한다. 세상을 피하는 것은 비단 심산(深山)의 초가집뿐 만은 아니다」 라고 노래했다고 한다.

이런 동방삭을 서인(庶人)들도 사랑했던 모양이다. 그래서인지 여러 가지 전설이 만들어진 것 같다. 서왕모(西王母)의 복숭아를 세 개 훔쳐 먹었기 때문에 삼천갑자(三千甲子 : 3,000×60)나 장수하였다는 이야기다.

❻ 面帳牛皮 (면장우피) 面张牛皮 낯 **面** 베풀 **帳** 소 **牛** 가죽 **皮**

얼굴에 쇠가죽을 발랐다. 뻔뻔한 사람을 가리키는 말. 철면피(鐵面皮)와 같은 말이다.

송대의 손광헌이 지은 《북몽쇄언》에 있는 이야기다.

왕광원(王光遠)이란 사람이 있었다. 학문도 재능도 상당히 있어 진사(進士)시험에도 합격했다. 그런데 이 사나이는 지독한 출세주의자로 상관은 말할 것도 없고 권세가 있는 사람에게는 어떻게라도 연줄을 얻어 부리나케 출입했다. 더구나 그것이 사람들 앞을 가리지 않고 남의 밑까지 닦아줄 정도의 행동을 예사로 했다.

「아니, 이건 대단합니다. 이렇게 훌륭한 시는 열 번 죽었다 살아나도 저 같은 것은 어림도 없습니다. 아주 후하신 인품이 엿보여 신운표묘(神韻縹渺 : 예술작품 따위에서 신비한 기운이 어렴풋이 피어오름)하다고나 할까요. 이태백도 멀리 미치지 못할 것입니다」

이렇듯 낯간지러운 소리를 천연스럽게 지껄인다. 곁의 사람이 어떻게 생각하거나 조금도 안중에 없다. 상대가 술에 취해 아무리 무례한 짓을 해도 화를 내기는커녕 너털웃음을 웃는다.

언젠가도 술에 취한 상대가 취중에 채찍을 집어 들고, 「그대를 때릴텐데 괜찮은가?」 하자, 「각하의 채찍이라면 기꺼이……」 하고 등을 돌려댔다.

「좋아, 그럼」

주정뱅이는 진짜로 광원을 때렸다. 그는 그래도 화를 내지 않고 여전히 달라붙어 기분을 맞춘다. 동석하고 있던 친구가, 「자넨 부끄러움도 모르나? 사람들이 보는 앞에서 그런 꼴을 당하고도 잠자코 있다니!」라고 말하자 광원은 조금도 개의치 않고, 「하지만 자네, 그 사람한테 잘 보여서 나쁠 게 없잖은가」라고 말을 하여 친구도 기가 막혔다. 그래서 그 때 사람들은 그를 가리켜 「광원의 얼굴의 두께는 열 겹의 철갑(鐵甲) 같다」고 말했다.

이것은 철갑이 부끄러운 줄 모르는 파렴치의 뜻으로 쓰인 예다.

그러나 철갑이 아닌 「철면」의 경우는 정정당당한 굳센 태도를 칭찬하는 뜻으로 쓰인 예가 많은 것 같다.

「송나라 조선의(趙善誼)는 숭안현 지사가 되어, 현의 정치를 하는 데 법률을 하도 엄격하게 지켰기 때문에 사람들은 그를 조철면(趙鐵面)이라고 불렀다」고 한 이야기는 사정이 없었다는 뜻으로 철면이 쓰인 예다.

또 《송사》조변전(趙卞傳)에 보면,

「조변이 전중시어사(殿中侍御史 : 감찰관)가 되자, 권력자가 됐든, 천자가 좋아하는 사람이 됐든 용서 없이 적발했기 때문에 서울에서는 그를 철면어사라고 불렀다」라고 했다.

이것은「철면」이란 말이 권력에 굴하지 않는 강직한 뜻으로 쓰인 예다.

❼ 對牛彈琴 (대우탄금)

对牛弹琴　대할 **對** 소 **牛** 퉁길 **彈** 거문고 **琴**

소를 마주 대하고 거문고를 탄다는 뜻으로, 어리석은 사람에게는 참된 도리를 말해 주어도 이해하지 못한다는 말이다.

중국 양(梁)나라 때의 승려 우(祐)가 편찬한 《홍명집(弘明集)》에 나오는 이야기다.

후한 말 모융(牟融)이라는 학자가 있었다. 그는 불경에 밝아 많은 사람이 불경을 공부하러 그를 찾아왔다. 그런데 찾아온 사람이 유학자일 경우에는 불경을 설명하면서 늘 유학의 경서를 인용했다. 이에 대하여 유학자들이 이유를 묻자, 모융은 이렇게 대답하였다.

「당신들은 불경을 읽은 일이 없을 것이오. 그래서 나는 당신들이 잘 알고 있는 유교 경전을 인용하는 것이라오」

그러고는 송(宋)나라 때 목암(睦庵)이 지은 선집 《조정사원(祖庭事苑)》에 보이는 공명의(公明儀)의 일화를 이야기하였다.

대우탄금 조소(彫塑)

「노(魯)나라의 공명의라고 하는 어진 사람이 하루는 소를 향해 거문고를 켜주었소. 그런데 소는 거들떠보지도 않고 계속 풀을 먹고 있었지. 소가 못 들은 것은 아니라오. 청각(淸角)이라는 고상한 곡조는 소귀에는 맞지 않기 때문이지. 그래서 이번에는 모기와 등애의 울음소리와 젖을 먹고 있는 송아지의 울음소리를 흉내 냈지. 그러자 소는 꼬리를 흔들면서 발굽소리를 내며 걸어 다니고, 귀를 세우고 그 소리를 다소곳이 들었네. 이는 소의 마음에 맞았기 때문이지. 이것은 내가 여러 분들에게 《시경》을 인용하여 불경을 설명하는 것과 같은 것이오」

이 말을 들은 유학자들은 머리를 끄덕이며 모융의 말에 귀를 기울였다.

대우탄금은 이와 같이 아무리 좋은 말이라도 알아듣지 못하는 사람에게는 소용이 없다는 말로, 오늘날에는 우리말 속담에 「쇠귀에 경 읽기」 즉, 문자를 써서 「우이독경(牛耳讀經)」과 비슷한 의미로도 사용된다.

모융은 후한 사람으로, 젊어 박학하여 음운학(音韻學)에도 정통하여 「대하후상서(大夏侯尚書)」를 가르쳤는데, 제자가 수백 명에 이르렀다. 명제(明帝) 때 무재(茂才)로 천거되어 풍령(豊令)이 되었는데, 다스리는 3년 동안 고을에 송사(訟事)가 없었다. 거듭 승진하여 사공(司空)이 되었는데, 거동이 방정하여 대신의 절조를 갖추었다. 장제(章帝)가 즉위하자 태위(太尉)에 오르고, 녹상서사(錄尚書事)에 참여했다.

❽ 甲帳對楹 (갑장대영)

甲帐对楹 첫째천간 甲 휘장 帳 대할 對 기둥 **楹**

한나라 때 무제의 총신(寵臣) 동방삭이 갑을장(甲乙帳)을 만들었으니 정전(正殿)을 중심으로 궁중을 수호하는 관사가 세워져 있고 그곳으로 통하는 문이 옆으로 열려 있는데, 갑장도 기둥 사이에 마주하고 있다는 말이다.

갑을장은 동방삭이 천하의 온갖 진귀한 진주로 장식하여 무제에게 만들어 준 최고급 침실용 커튼이었다. 동방삭은 두 개의 장막을 만들어, 그 중 좋은 갑장(甲帳)은 신을 모시는 신전(神殿)에 치고, 나머지 을장(乙帳)은 무제의 침실에 드리웠다고 한다.

동방삭(南宋 공원)

57. 肆筵設席(사연설석) 鼓瑟吹笙(고슬취생) 肆筵设席 鼓瑟吹笙

❶	枯(고)	魚(어)	之(지)	肆(사)			
❷			肆(사)	筵(연)	設(설)	席(석)	
❸	醴(예)	酒(주)	不(불)	設(설)			
❹			孔(공)	席(석)	墨(묵)	突(돌)	
❺				鼓(고)	腹(복)	擊(격)	壤(양)
❻	膠(교)	柱(주)	鼓(고)	瑟(슬)			
❼				吹(취)	毛(모)	覓(멱)	疵(자)
❽				笙(생)	簧(황)		

풀이

❶ 枯魚之肆(고어지사) 枯鱼之肆 마른 나무 **枯** 물고기 **魚** 의 **之** 저자 **肆**

목마른 고기의 어물전이라는 뜻으로, 매우 곤궁한 처지를 비유는 말이다. 《장자(莊子)》 외물편(外物篇)에 있는 이야기다.

장자는 가정형편이 매우 어려웠다. 하루는 양식이 떨어져 감하후(監河侯)에게 쌀을 꾸러 갔다. 그러자 감하후가 말했다.

「그러지요. 그러나 지금 저의 형편 역시 어렵습니다. 제 고을에서 세금이 들어온 후에 은자 300냥을 빌려드리죠. 그러면 되겠지요?」

당장 먹을 것이 없는 장자는 그의 말에 정색을 하며 말했다.

「어제 나는 이리로 오던 도중에 수레바퀴 지나간 구덩이 속에 있는 물고기 한 마리를 보았습니다. 그 물고기는 나를 보고는, 『저는 본래 동해에 살았는데, 불행히 회오리바람에 밀려 물이 말라버린 이 구덩이에 떨어져 죽을 지경이 되었습니다. 저에게 물 한 통만 가져다주어 구해 주십시오』 라고 했습니다. 그래서 나는 고개를 끄덕이며, 『그렇게 하겠다. 나는 지금 남쪽의 여러 왕을 만나러 가는 길이다. 그곳에는 물이 많으니 물을 가져와 너를 구해주겠다』 라고 했습니다. 그러자 물고기는 화를 내며, 『그것이 가능합니까? 지금 저에게는 한두 바가지의 물만 있으면 살 수 있습니다. 그렇지만 당신이 서강(西江)의 물을 가져올 때까지 기다린다면 저는 이곳에 없고 일찌감치 건어물전에나 가야 찾을 수 있을 것입니다(不如早索我 于枯魚之肆)』 라고 말했습니다」

지금 당장 먹을 것이 없는 사람에게는 훗날의 금붙이보다는 밥 한 그릇이 필요할 것이고, 물이 없어 죽어가는 물고기에게는 훗날 동해로 돌아가는 것보다는 한 동이의 물이 긴급히 필요할 것이다.

장자의 이 이야기는 크고 작은 거라든가, 많고 적은 것이 문제가 되지 않고, 그것을 어떻게 적절하게 쓰느냐 하는 것이 더욱 중요하다는 것을 말한 것이다.

비슷한 뜻의 성어에 「수레바퀴 자국에 괸 물에 있는 위급한 상태의 물고기」라는 「철부지급(轍鮒之急)」, 「학철부어(涸轍鮒魚)」가 있다.

❷ 肆筵設席(사연설석) 肆筵设席 베풀 **肆** 자리 **筵** 베풀 **設** 자리 **席**

돗자리를 펴고 방석을 진열해 놓는다.

《천자문》에 있는 말이다.

「돗자리를 펴고 방석을 진열해 놓으며, 비파를 뜯고 생황을 분다(肆筵設席 鼓瑟吹笙)」

귀빈을 접대하기 위해 돗자리를 펴서 좌리를 정한 후 비파를 뜯고 생황을 불어 흥을 돋운다는 말이다.

제왕이 궁궐에서 잔치를 베풀어 왕족과 대신, 나라의 원로(元老)와 일반 백성 중 나이 많은 노인들을 위로하고 태평성대에 군신이 서로 기뻐하고 즐기는 풍경이다.

《시경(詩經)》 대아(大雅)에 이런 시 구절 있다.

「돗자리를 펴고 방석을 진열하며 계속 모시네. 권커니 자커니 술잔 씻어 또 권하네(肆筵設席 授几有緝御 或獻或酢 洗爵奠斝)」

연회를 베풀 때는 돗자리와 방석을 배열해 신분에 따른 자리배치를 했다. 즉, 돗자리(筵)와 방석(席)을 구분하여, 신분이 낮은 사람들은 돗자리에 자리를 마련했지만, 왕족과 대신, 원로(元老)들에 대해서는 방석을 마련해 신분과 작위에 맞는 대접을 했다.

또 《시경(詩經)》 소아(小雅) 에는 이런 시 구절이 있다.

「반가운 손님이 날 찾아오니 비파를 켜고 생황을 분다(我有嘉賓 鼓瑟吹笙)」

이 구절은 장엄한 궁전 안에서 공적, 사적인 의식이 있을 때에 제후들과 대신들을 불러 연회를 베풀고 음악을 연주하는 모습을 나타낸 것이다. 태평성대에 군신이 서로 기뻐하고 즐기는 풍경이다.

비 파

❸ 醴酒不設 (예 주 불 설)

醴酒不设 단술 **醴** 술 **酒** 아닐 **不** 베풀 **設**

단술(감주)을 차리지 않았다는 뜻으로, 손을 대우하는 예가 차츰 식어 간다는 비유.

《한서(漢書)》 초원왕전(楚元王傳)에 있는 이야기다.

한나라 초원왕 유교(劉交)는 한고조 유방(劉邦)의 아우다. 유교는 재사(才士) 목생(穆生)을 아껴 예로써 대했다. 술을 마시지 못하는 목생을 위해 연회 때마다 단술(醴)을 준비시켜 대신 들게 했다.

유교가 죽고 왕위를 물려받은 아들 무(戊)가 더 이상 단술을 마련하지 않자 목생은, 「이제 나도 떠날 때가 왔다. 감주를 차리지 않으니 나를 잊은 것이 아닌가」라며 떠나갔다.

얼마 안 가 유무(劉戊)는 신하를 죽이고 악행을 일삼다 전쟁에서 패해 자결한다. 또 다른 말로 초연사례(楚筵辭醴)라는 고사가 있다.

❹ 孔席墨突 (공석묵돌) 孔席墨突 구멍 **孔** 자리 **席** 먹 **墨** 갑자기 **突**

「공자의 자리는 따뜻해질 틈이 없고, 묵자의 집 굴뚝에는 그을음이 낄 새가 없다」는 뜻으로, 여기저기 몹시 바쁘게 돌아다님을 비유하여 이르는 말. 《한서》의 저자 반고(班固)의 「답빈희(答賓戲)」에 있는 말이다.

청년 묵자

끊임없는 전쟁으로 사회가 몹시 불안한 춘추전국시대, 이에 따라 각종 사상이 생겨나고 자신의 이상과 견해를 전파하고자 각국으로 유세를 다니는 사람들이 많았다. 공자(孔子)와 묵자(墨子) 역시 이러한 사람들 가운데 하나였다.

공자는 자신의 학문과 이상을 실현키 위해 제자들을 데리고 많은 제후국들에서 유세하였다. 그리고 노(魯)나라 사람인 묵자는 본시 수공업자 출신으로 백성들의 어려운 삶을 깊게 이해하고 있었다. 그는 「겸애(兼愛)」를 주장하며, 힘만 믿고 약자에게 고통을 주는 전쟁을 반대하였다.

그는 검소하고 청빈한 생활을 하며 저술에 전념하였다. 그는 저서 《묵자(墨子)》 이외에 자연과학 분야에서도 귀중한 연구결과를 정리하였다.

반고는 공자와 묵자의 이러한 유세활동을 「답빈희」에서 「공자의 자리는 따뜻해질 틈이 없고, 묵자 집의 굴뚝에는 그을음이 낄 새가 없다(孔席不暖 墨突不黔)」라고 표현하였다.

또 《회남자》 수무훈(脩務訓)편과 한유(韓愈)의 쟁신론(諍臣論)에서도 같은 표현을 하고 있다. 또한 두보는 「발동곡현(發同谷縣)」이라는 시에서 이렇게 노래했다.

현인은 굴뚝을 그을릴 때까지 있지 못하고
성인도 자리가 따뜻해질 틈 없었네.
하물며 나처럼 굶주리고 어리석은 사람이
어찌 편히 지낼 수 있겠는가?
비로소 이 산중에 들어오고 나서야
수레를 세워 놓는 궁벽함을 좋아했네.
사람이 의식에 내몰리는 것을 어쩌지 못하여
한 해 동안 사방을 떠다녔구나.
근심을 안고 이 아름다운 절경을 떠나니
아득히 먼 길을 걷고 또 걷는구나.

賢有不黔突 聖有不煖席 현유불검돌 성유불난석
況我飢愚人 焉能尙安宅 황아기우인 언능상안택
始來茲山中 休駕喜地僻 시래자산중 휴가희지벽
奈何追物累 一歲四行役 내하추물누 일세사행역

忡忡去絶境 杳杳更遠適 충충거절경 묘묘경원적

현인과 성인은 묵자와 공자를 가리킨다. 「묵돌불검(墨突不黔)」, 「석불급난(席不及暖)」, 「석불가난(席不暇暖)」이라고도 한다.

❺ 鼓腹擊壤(고복격양) 鼓腹击壤 두드릴 **鼓** 배 **腹** 칠 **擊** 흙덩이 **壤**

백성들이 태평세월을 누리는 모습.

공자가 역사책 《서경(書經)》을 편찬할 때, 많은 전설의 임금들을 다 빼버리고 제일 첫머리에 제요(帝堯)를 두었다. 천황씨(天皇氏)·지황씨(地皇氏)·인황씨(人皇氏)는 물론 복희·신농 황제에 관한 전설적인 이야기는 전혀 비치지 않았다.

요임금

요임금이 순임금에게 천하를 전하고 순임금이 우(禹)에게 천하를 전해준 것만을 크게 취급했다. 그리고 공자와 맹자는 이 요와 순 두 임금을 가장 이상적인 인물로 떠받들었다.

공자는 제자 자공(子貢)이, 「만일 널리 백성에게 베풀고 대중을 사랑하면 어질다고 말할 수 있겠습니까?」 하고 물었을 때,

「어찌 어질다 뿐이겠느냐. 요순도 오히려 그렇게 못한 것을 안타까워했느니라(何事於仁 堯舜 其猶病諸)」라고 대답하여 요임금과 순임금처럼 백성에게 널리 베풀고 대중을 사랑한 사람이 없다는 것을 간접적으로

암시했다.

《십팔사략(十八史略)》 제요편에 있는 이야기다.

그 요임금이 천하를 다스린 지 50년이 되었을 때, 아직도 그는 천하가 과연 잘 다스려지고 있는지 자신이 없었다. 맹자가 말했듯이, 닭이 울면 잠이 깨어 착한 일 하는 데만 마음을 쓰고 있었던 만큼 만족할 줄을 몰랐을 것이다. 그래서 하루는 요임금이 아무도 모르게 평민 차림으로 거리에 나가 직접 민정을 살펴보기로 마음먹었다.

순임금

강구(康衢)라는 넓은 거리에 이르렀을 때, 한 젊은이가 노래를 부르며 놀고 있었다. 예나 지금이나 노래란 것은 마음속에 있는 감정을 그대로 표현하는 것이므로, 그때그때 유행하는 노래를 들어 보면 세상이 어떻게 돌아가고 정치를 어떻게 하는지 알 수 있는 것이다. 요임금은 걸음을 멈추고 젊은이가 부르는 노래를 유심히 들었다.

우리 뭇 백성들을 살게 하는 것은
그대의 지극함 아닌 것이 없다.
느끼지도 못하고 알지도 못하면서
임금의 법에 따르고 있다.

立我蒸民　莫非爾極　　입아증민　막비이극
不識不知　順帝之則　　불식부지　순제지칙

우리 모든 백성들이 안정된 생활을 해나가고 있는 것은, 어느 것 하나

임금님의 알뜰한 보살핌과 사랑 아닌 것이 없다. 임금님은 인간의 본성에 따라 우리를 도리에 벗어나지 않게 인도하기 때문에 우리는 법이니 정치니 하는 것을 염두에 두거나 배워 알거나 하지 않아도 자연 임금님의 가르침에 따르게 된다는 뜻이다. 아이들의 이 노래에 요임금은 자못 마음이 놓였다. 과연 그럴까 하고 가슴이 뿌듯하기도 했다.

격양가

요임금은 다시 발길을 옮겼다. 그러자 저쪽 길가에 한 노인이 두 다리를 쭉 뻗고, 한쪽 손으로는 배를 두드리며 한쪽 손으로는 흙덩이를 치며 장단에 맞추어 노래를 부르고 있었다.

배를 두드린다는 고복(鼓腹)과 흙덩이를 친다는 격양(擊壤)을 한데 붙여 태평을 즐기는 대명사로 쓰이기도 하고, 또 「강구동자(康衢童子)」니 「격양노인(擊壤老人)」이니 하여 함께 태평의 예로 들기도 한다. 그 노인이 부른 노래는 이런 것이었다.

해가 뜨면 일하고
해가 지면 쉬며
우물 파서 마시고
밭을 갈아먹으니
임금 덕이 내게 뭣이 있으랴.

日出而作　日入而息　일출이작　일입이식

鑿井而飮　耕田而食　착정이음　경전이식
帝力何有於我　　　　제력하유어아

시의 내용을 풀어 보면, 해가 뜨면 일하고 밤이 되면 편히 쉰다. 내 손으로 우물을 파서 물을 마시고 내 손으로 밭을 갈아 배불리 먹고 사는데, 임금이 내게 무슨 소용이 있으며, 정치가 다 무슨 필요가 있느냐는 뜻이다. 공기와 태양의 고마움을 모르는 농촌 사람이 사실은 더 행복한 것이다. 정치의 고마움을 알게 하는 정치보다는 그것을 느끼지 못하는 정치가 정말 위대한 정치인 것이다.

❻ 膠柱鼓瑟(교주고슬) 胶柱鼓瑟 아교 **膠** 기둥 **柱** 두드릴 **鼓** 큰거문고 **瑟**

규칙에 얽매여 융통성이 없음.

고집불통인 사람을 보고 「교주고슬(膠柱鼓瑟)」이라고 한다. 거문고 줄을 가락에 맞추어 타려면 줄을 받치고 있는 기둥을 이리저리 옮겨야만 된다. 그런 것을 한 번 가락에 맞추었다 해서 아예 기둥을 아교풀로 꽉 붙여버리면 다시는 가락에 맞는 소리를 낼 수가 없다.

아무리 혼자 「틀림없이 가락에 맞추어 두었는데, 틀림없이 제대로 소리가 날 텐데?」하고 중얼거려 보았자, 제 소리가 날 리 만무다.

이와 같이 한번 무슨 일에 성공했다고 해서 언제나 그 방법이 성공하는 길인 줄 알고, 때와 장소에 따라 뜯어고칠 줄을 모르면 영영 다시는 성공의 가망이 없는 것이다. 그거야말로 기둥을 풀로 붙여 놓고 거문고를 타는 격이다. 고(鼓)는 북이란 뜻이 아니고 여기서는 탄다는 뜻이 된다.

《사기》 염파인상여열전에 있는 이야기다.

조 사

조나라 명장 조사(趙奢)의 아들에 괄(括)이 있었다. 그는 어릴 때부터 병서(兵書)에 밝아 가끔 아버지와 용병(用兵)에 관해 토론을 하면 아버지가 이론에서 몰리곤 했다. 조사의 부인이 아들이 그같이 총명한 것을 보고 장군의 집에 장군이 났다면서 기뻐하자, 조사는 부인에게 이렇게 타일렀다.

「전쟁이란 죽고 사는 마당이오. 이론만으로 승부가 결정되는 것은 아니지. 그런 것을 철없이 이론만 가지고 가볍게 이러니저러니 하는 것은 장수로서 가장 삼가야 할 일이오. 앞으로 괄이 대장이 되는 날 조나라는 망하는 변을 당하게 될 것이오. 부디 대장이 되는 일이 없도록 하시오」

그 뒤 진나라가 조나라를 침략해 왔다. 명장 염파가 나아가 싸웠으나 자주 싸움이 불리했다. 염파는 힘이 모자라는 것을 알자 진지를 굳게 다지고 방어에만 힘을 썼다. 진나라는 어떻게 해볼 도리가 없어 간첩을 들여보내 헛소문을 퍼뜨렸다.

「진나라 사람은 조사의 아들 조괄이 조나라 대장이 되면 어쩌나 하고 겁을 먹고 있다. 염파는 이제 늙어서 싸움을 회피만 하고 있기 때문에 조금도 두렵지가 않다」

이 간첩의 헛소문에 귀가 솔깃해진 조나라 왕은 염파 대신 조괄을 대장에 임명하려 했다. 그때 인상여가 이렇게 반대했다.

조나라 40만 대군이 생매장된 장평대전

「임금께서 이름만 듣고 조괄을 쓰려 하시는 것은 마치 기둥을 아교로 붙여두고 거문고를 타는 것과 같습니다(王以名使括 若膠柱而鼓瑟耳). 괄은 한갓 그의 아비가 전해준 책을 읽었을 뿐, 때에 맞추어 변통할 줄을 알지 못합니다」

그러나 임금은 인상여의 말을 듣지 않고 조괄을 대장에 임명했다.

조괄은 대장이 되는 그날로 자기가 배워 알고 있는 병서의 가르침에 따라서 전부터 내려오는 군령들을 모조리 뜯어고쳤다. 그리고 참모들이 말하는 작전 의견을 하나하나 병법을 들어 반박하고 자기주장대로 밀고 나갔다.

이리하여 실전 경험이 전혀 없는 조괄은 이론만의 작전을 감행한 끝에 40만이란 대군을 몽땅 죽여버리는 중국 역사상 최악의 참패를 가져오고 말았다. 학벌이나 지식을 뽐내는 애송이 상관을 모시는 실제 경험자들의 고충이 바로 이런 것일 게다.

취 모 멱 자
❼ 吹毛覓疵 吹毛觅疵 불 **吹** 터럭 **毛** 찾을 **覓** 흠 **疵**

「털을 불면서 허물을 찾는다」는 뜻으로, 흉터를 찾으려고 털을 불어 헤친다. 털을 입으로 불어 가며 털 속에 혹시 보이지 않는 작은 흠집이라도 없나 하고 살피는 그런 야박하고 가혹한 행동을 가리켜 하는 말이다.

한비자

우리말에 「털어서 먼지 안 날 사람이 어디 있느냐?」하는 말이 있다. 그런데 「취모멱자」는 없는 먼지를 일부러 털어 가며 일으키는 그런 행위다.

이 「취모멱자」란 말은 《한비자》 대체편에 있는 「털을 불어 작은 흉터를 찾는다(吹毛而求小疵)」고 한 말에서 나온 것 같다.

같은 찾는다는 뜻이지만 구(求)보다는 멱(覓)이 더 강하다. 보이지 않는 것을 찾아내는 것이 「멱」이고, 없는 것을 있기를 바라는 것이 「구」다.

작은 허물은 누구나 있는 법이다. 우리들이 말하는 이른바 「사생활」 같은 것이다. 그런 것까지를 일일이 살펴가며 완전무결하기를 바란다는 것은 바라는 사람 자체가 어리석은 것이다.

큰 일 하는 사람은 대체만을 바로잡아 나갈 뿐 그런 사소한 일에까지 세심한 주의를 기울여, 마치 보이지 않는 흉터를 털을 불어가며 찾아내

듯 해서는 안 된다는 것이다.

오히려 작은 흉을 가려주고 못 본 체하는 것이 부하를 거느리는 도리요 남을 대하는 대도(大道)인 것이다.

❽ 笙簧 (생황) 笙簧

생황 **笙** 피리 **簧**

아악(雅樂)에 쓰는 관악기(管樂器)의 하나. 많은 죽관(竹管)을 튼 대로 판 통에 둥글게 돌려 꽂아놓은 것인데, 끝에 소리를 울리게 하는 혀를 박아서 입김을 불어넣거나 들이마셔 소리를 내게 되어 있다.

음색이 명랑한 유일한 화음(和音) 악기로 중국 묘족(苗族)들 사이에서 그 원시형을 찾을 수 있다. 제도 상 36황(簧)·23황·19항·17황·12황 등 그 종류가 많다. 지금 사용되고 있는 것은 12율(律) 4청성(淸聲)을 갖춘 17황이다. 한 음씩 내는 식과 5~6음씩을 한 번에 울리게 하는 합죽(合竹)식이 있다.

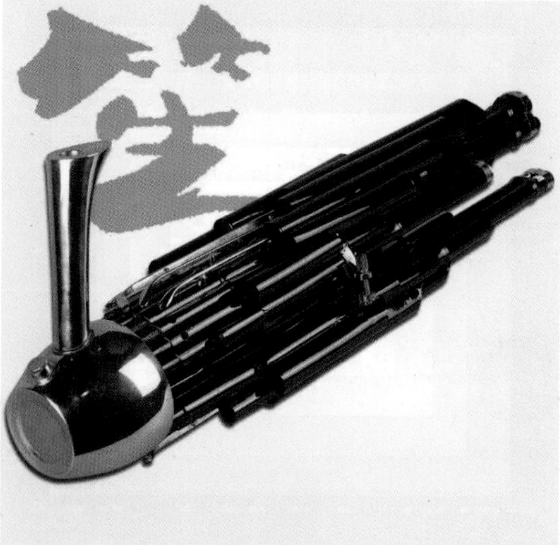

생 황

58. 陞階納陛 弁轉疑星 升阶纳陛 弁转疑星

(승계납폐 변전의성)

❶		계 鷄	견 犬	승 昇	천 天		
❷				계 階	고 高	직 職	비 卑
❸	과 瓜	전 田	불 不	납 納	리 履		
❹	승 陞	계 階	납 納	폐 陛			
❺			적 赤	변 弁	장 丈	인 人	
❻				전 轉	미 迷	개 開	오 悟
❼		실 失	부 斧	의 疑	린 隣		
❽		월 月	명 明	성 星	희 稀		

풀이

❶ 鷄犬昇天 (계견승천)

鷄犭昇天 닭 **鷄** 개 **犬** 오를 **昇(陞)** 하늘 **天**

다른 사람의 권세에 빌붙어 승진함.

《신선전(神仙傳)》에 있는 이야기다.

동진시대의 사상가이자 화학자, 의학자로서 삼국시대 방사(方士 : 도사) 갈현의 조카손자인 갈홍(葛洪, 283~343)이 찬한 《신선전》은 신선의 행적을 주요 내용으로 하고 장생불사를 중심 주제로 한 신선 설화집이자 신선 전기집이다.

갈홍연단(葛洪煉丹, 清 이선)

한왕조 때 회남왕 유안(劉安)이 팔공이라는 신선한테서 선단(仙丹) 만드는 법을 배워 선단을 만들어 먹었더니 대낮에 하늘로 올라가고, 나머지 선단을 먹은 닭과 개도 죄다 하늘로 올라가 신선이 되었다는 이야기가 있다.

그리고 북위(北魏) 때의 지리학자 역도원(酈道元)이 저술한 중국의 하천지(河川誌)인 《수경주(水經注)》라는 책에도 어떤 사람이 단약(丹藥)을 먹고 닭이나 개, 짐승들과 함께 승천했다는 이야기가 있는데, 그 책에,

「닭은 하늘에서 울고 개는 구름 속에서 짖는다(鷄鳴天上 狗吠雲中)」

라는 말이 보이고 있다.

그 밖에 왕소지(王韶之)의 《태청기(太淸記)》에도 허진군이라는 이가 단약을 먹고 「온 집안사람들과 함께 승천했다(拔宅飛升)」는 이야기가 있다.

회남왕 유안

이와 같은 이야기들은 한낱 전설로 허황하기 짝이 없는 것이지만 새겨들을 만한 뜻도 있다.

회남왕 유안의 경우만 보아도 그는 죄를 짓고 자결한 사람이었다. 그런 그가 하늘로 올라갔다는 설이 어쩌다가 나오게 되었는지는 알 수 없다. 다만 그의 울분을 후세 사람들이 이런 식으로 미화했다고 볼 수도 있을 것이다.

한편 이러한 전설로부터 여러 가지 재미있는 성구들이 나왔다. 고대 사회에서 갑자기 벼락출세를 하는 것을 가리켜 백일승천(白日升天), 또는 백일비승(白一飛升)이라고 하였으며, 한 사람이 출세해서 온 집안이 덕을 보게 되는 것을 「발택비승(拔宅飛升)」 또는 「한 사람이 도(道)를 깨달으면 닭과 개가 함께 하늘에 오른다(一人得道 鷄犬昇天)」라고 조소하기도 하였다.

한 사람이 높은 자리에 오르면 친인척 등이 따라 세도를 부린다는 뜻이다. 그리고 권세에 아부하여 출세하는 자들을 가리켜 회남계견(淮南

鷄犬)이라는 말로 비웃기도 하였다.

❷ 階高職卑 (계고직비)

階高职卑　섬돌 **階** 높을 **高** 벼슬 **職** 낮을 **卑**

품계는 높고 관직은 낮음. 이때는 관직 앞에 「행(行)」 자를 붙였다. 행수(行守). 「계비직고(階卑職高)」

조선시대 관직 수는 한정되고 자리를 원하는 이들이 많을 수밖에 없어 이러한 수요공급의 불균형을 해소하기 위하여 「행수법(行守法)」이라는 관리 등용법을 도입하였는데, 행수법의 적용으로 직품(職品)과 관계(官階)가 서로 일치하지 않는 경우가 발생했다.

행수법의 행(行)은 「품계는 높은데 관직은 낮음(階高職卑)」이라 하여 그 품계에 맞는 관직보다 낮은 관직을 받는 것을 말하고, 수(守)는 「품계는 낮고 관직은 높음(階卑職高)」이라 하여 그 반대의 경우를 말한다. 이에 따라 대부분의 관직자들은 「행(行)」과 「수(守)」를 그 관품 앞에 붙이게 되었다.

❸ 瓜田不納履 (과전불납리)

瓜田不纳履
외 **瓜** 밭 **田** 아니 **不** 들일 **納** 신 **履**

남에게 혹시라도 의심받을 만한 행동은 하지 않는 것이 좋다.

양(梁)나라의 소통(蕭統 : 昭明太子)이 진(秦)・한(漢)나라 이후 제(齊)・양나라의 대표적인 시문을 모아 엮은 책인 《문선》 악부 고사(古辭) 네 수 가운데 「군자행」에 있는 말이다.

소통(소명태자)

악부는 시체(詩體)의 한 가지로, 원래는 한나라 때 있던 음악을 보존하고 연주하는 관청의 이름이었는데, 나중에는 악부에서 취급하는 노래를 가리켜 말하게 되었고, 다시 나아가서 관청과는 상관없이 음악에 실려 불리는 가사를 그렇게 부르게 되었고, 혹은 원래 있던 제목을 빌어 새로운 가사를 짓기도 하고, 음악과는 직접 관계없는 시로서 창작되기도 했다. 그러나 그 제작 방법과 내용과 분위기에 어딘가 가곡적인 경향을 지니고 있는 것이 보통이다.

고사(古辭)란, 작자가 알려져 있지 않은 민간의 가곡을 말하는데, 여기에 나오는 「군자행」은 민간의 가곡으로서는 그 내용이 적당치 않은 것 같다. 아무튼 「군자행」은 군자가 세상을 살아가는 태도를 말한 노래다.

군자는 미연을 막아
혐의 사이에 처하지 않는다.
외밭에서 신을 고쳐 신지 않고
오얏나무 밑에서 갓을 바로잡지 않는다.
형수와 시아주버니는 손수 주고받지 않고

어른과 아이는 어깨를 나란히 하지 않는다.
공로에 겸손하여 그 바탕을 얻고
한데 어울리기는 심히 홀로 어렵다.
주공은 천한 집 사람에게도 몸을 낮추고
입에 든 것을 토해내며 제대로 밥을 먹지 못했다.
한 번 머리 감을 때 세 번 머리를 감아쥐어
뒷세상이 성현이라 일컬었다.

君子防未然　不處嫌疑間　군자방미연　불처혐의간
瓜田不納履　李下不整冠　과전불납리　이하부정관
嫂叔不親授　長幼不比肩　수숙불친원　장유불비견
勞謙得其柄　和光甚獨難　노겸득기병　화광심독난
周公下白屋　吐哺不及餐　주공하백옥　토포불급찬
一沐三握髮　後世稱聖賢　일목삼악발　후세칭성현

시의 앞부분 반은 남의 혐의를 받을 만한 일을 하지 말라는 것을 말했고, 뒤의 반은 공로를 자랑하지 말고 세상 사람들을 겸허하게 대하라는 것을 말하고 있어 시의 내용이 통일되어 있지 않다. 시의 내용을 순서에 따라 설명하면,

군자는 사건이 생기기 전에 미리 이를 막아야 한다. 남이 의심할 만한 그런 상태에 몸을 두어서는 안 된다. 참외밭 가에서 신을 고쳐 신는 것은 참외를 따러 들어가려는 것으로 오인을 받기 쉽다.

또 오얏나무 밑에서 손을 올려 갓을 바로 쓰거나 하면 멀리서 보면 흡사 오얏을 따는 것으로 보이기 쉽다. 형수 제수와 시숙 사이에는 물건을 직접 주고받고 하는 일이 없어야 하고, 어른과 손아래 사람이 어깨를

나란히 하고 걸어가면 예의를 모른다는 평을 듣게 된다.

자기의 수고를 내세우지 말고, 항상 겸손한 태도를 취하는 것이 군자의 본바탕을 지키는 일이며, 가장 어려운 일은 자기의 지혜나 지식을 자랑하지 말고, 세속과 함께하여 표 없이 지나는 일이다.

주공 단

옛날 주공(周公)은 재상의 몸으로 아무 꾸밈이 없고 보잘것없는 집에 사는 천한 사람에게도 몸을 낮추었고, 밥을 먹을 때 손님이 찾아오면 입에 넣었던 밥을 얼른 뱉고 나아가 맞았으며, 머리를 감을 때 손님이 찾아와서 세 번이나 미처 머리를 다 감지 못하고 머리를 손으로 감아 쥔 채 손님을 맞은 일이 있었다. 그러기에 후세 사람들은 주공을 특히 성현으로 높이 우러러보게 된 것이다, 라는 뜻이 된다.

옛날 천자문을 다 떼고, 처음 시를 배울 때 읽는 책으로, 《천고당음(天高唐音)》이란 것이 있었다. 첫머리에 「하늘이 높으니 해와 달이 밝고(天高日月明), 땅이 두터우니 풀과 나무가 난다(地厚草木生)」는 글귀가 나오기 때문에 붙은 이름이다.

이 책에는 「외밭에서 신을 고쳐 신지 않고」는 그대로인데, 「오얏나무 밑에서 갓을 바로잡지 않는다」는 글귀는 「않는다」 대신 「말 막(莫)」으로 되어 있다. 즉 부정관(不整冠)이 아닌 「막정관(莫整冠)」으로 되어 있는 것이다. 不를 나란히 쓰는 것을 피하기 위해서 그런 것 같다.

또 《당서(唐書)》 유공권전(柳公權傳)에 다음과 같은 이야기가 있다.

당나라 문종황제가 곽민이라는 사람을 빈영지방의 지방장관에 임명했다. 당시 적지 않은 사람들이 이것은 곽민이 딸 둘을 대궐에 들여보냈기 때문이라고 수군댔다.

유공권

이에 황제는 유공권에게, 「곽민의 두 딸은 태후를 뵙기 위해서 입궐한 것이지, 짐과는 아무런 상관도 없노라」 라고 말했다. 그러자 유공권은, 「참외밭이나 오얏나무 밑에서의 혐의를 어찌 집집마다 다 알릴 수 있겠습니까(瓜李之嫌 何以戶曉)?」 라고 대답했다.

❹ 陞階納陛 (승계납폐) 升阶纳陛 오를 **陞** 섬돌 **階** 들일 **納** 섬돌 **陛**

계단을 올라 섬돌로 들어간다.

「계단을 올라 섬돌로 들어가니, 고깔 움직이는 것을 별인가 의심한다(陞階納陛 弁轉疑星)」

제왕을 만나러 계단을 오르는 수많은 신하들의 관에 달린 구슬이 움직이는 모양이 마치 하늘에 떠 반짝반짝 빛나는 별과 같다고 한 것이다.

계단은 당 밖에 있으니 여러 신하들이 오르는 곳이고, 폐는 당 안에 있으니 높은 사람이 오르내리는 계단이다. 납폐는 궁전의 터를 파서 섬돌을 만들어 용마루 아래로 들어가 겉으로 드러나지 않고 오르게 하는 것이다.

「폐하(陛下)」란 말은 바로 황제만이 오를 수 있는 계단, 즉 「폐(陛)」 아래에 있는 신하들을 뜻하는 것으로, 황제를 감히 대놓고 부를 수 없었던 신하들이 자신들을 「폐(陛) 아래에서 황제를 모시는 아랫사람」이라고 부른 데서 유래한 것이다.

❺ 赤弁丈人 (적변장인) 赤弁丈人 붉을 **赤** 고깔 **弁** 어른 **丈** 사람 **人**

「고추잠자리」를 다르게 이르는 말.

❻ 轉迷開悟 (전미개오) 转迷开悟 구를 **轉** 미혹할 **迷** 열 **開** 깨달을 **悟**

번뇌로 인한 미혹에서 벗어나 열반(涅槃)에 이르는 마음을 뜻하는 불교에서 온 말이다. 인간은 청정무구(淸淨無垢)한 심성을 지닌 채 세상에 태어났다. 그런데 살아가면서 인연(因緣)에 따라 미혹(迷惑)이 생기고, 미혹으로 망념(妄念)이 생기고, 망념으로 인한 번뇌(煩惱)가 일어나기 때문에 청정무구한 진여심성(眞如心性)은 숨어버렸다.

미혹은 망념을 일으키는데, 우리의 삶을 뒤돌아보면 미혹으로 인해 옳지 않은 일들이 있었음을 발견할 수 있다. 그 원인을 깨달아 참회하고 다시는 미혹에 빠지는 일이 없도록 하는 것이 바로 「전미개오(轉迷開悟)」이다.

불교는 먼저 크게 깨달은 석가모니 부처의 가르침을 받아 망념(妄念)과 번뇌의 실체를 깨달아 미혹을 잠재우고 전미개오하여 본래의 청정무구한 본성을 되찾는 데 있다.

❼ 失斧疑隣(실부의린) 失斧疑隣 잃을 失 도끼 斧 의심할 疑 이웃 隣

「도끼를 잃어버리자 이웃을 의심한다」라는 뜻으로, 한번 의심하는 마음이 생기면 평소에는 아무렇지도 않은 일마저 의심이 생긴다는 말로서, 주관적인 추측으로 단정하여 함부로 남을 의심하는 것을 비유하는 말이다.

《열자(列子)》 설부(說符)편에 있는 이야기다.

열 차

어떤 사람이 도끼 한 자루가 보이지 않자 집안 곳곳을 샅샅이 살펴보았으나 결국 찾지 못하였다. 그러자 그는 이웃집 아들이 도끼를 훔쳐갔을 것이라는 생각이 들기 시작하였다. 그리하여 이웃집 아들을 유심히 살펴보니, 걸음걸이나 안색이나 말이나 태도 등이 모두 의심스럽기 그지없었다. 결국 그는 이웃집 아들이 자기 도끼를 훔쳐 간 것이 틀림없다고 단정하기에 이르렀다.

그런데 이튿날 그는 산에 나무를 하러 갔다가 어느 나무 곁에 자신이 잃어버렸던 도끼를 발견하였다. 그는 그제야 자신이 전날에 나무를 하다가 도끼를 그냥 놓아둔 채 집으로 돌아갔던 일이 생각났다. 그는 이웃집 아들을 의심한 일을 뉘우쳤다. 그가 집으로 돌아와 다시 이웃집 아들을 유심히 살펴보니, 행동거지가 조금도 의심스러운 데가 없었다. 혹시 나의 잘못된 의심이 만들어 낸 억울한 「실부의린」은 없는지 생각해 봐야 할 것이다.

의심이 생기면 여러 가지 망상이 생겨 판단이 흐려진다는 뜻의 「의심생암귀(疑心生暗鬼)」라는 성어도 이 이야기에서 비롯되었다.

❽ 月明星稀(월명성희) 月明星稀 달 **月** 밝을 **明** 별 **星** 드물 **稀**

조 조

달빛이 밝으니 별도 드물다는 뜻으로, 어진 사람이 나오면 소인(小人)들은 숨어버린다는 말, 곧 큰 영웅이 나타나면 군웅의 존재가 희미해진다는 말.

삼국시대 위무제(魏武帝) 조조의 시 「단가행(短歌行)」 끝 부분에 나오는 「달이 밝으니 별빛은 희미한데 까마귀와 까치들은 남쪽으로 날아가

네(月明星稀 烏鵲南飛)」라는 시구에서 나온 말이다.

시에서 달은 자신, 별은 다른 영웅을 의미한다. 곧 큰 영웅이 나타나면 군웅의 존재가 희미해짐을 비유한다. 조조는 촉(蜀)의 선주(先主)가 도망간 것을 비꼬면서 자신의 기개를 드러낸 말이다.

적벽대전

208년 조조가 오(吳)의 손권과 촉(蜀)의 유비의 연합군과 적벽(赤壁)에서 전투를 벌일 무렵, 달빛이 밝은 장강(양자강)의 밤경치를 바라보는데, 새들이 울며 남쪽으로 날아가는 것을 보고 뱃전에 서서 취중에 지어 부른 노래가 「단가행」이다.

조조는 적벽대전(赤壁大戰)에서 패하였으나 정치가로서 뿐만 아니라 문인으로서도 재능이 뛰어났다. 시의 일부를 음미해 보자.

달은 밝고 별은 드문데, 까막까치 남으로 날아가네.
나무를 세 번 둘러봐도, 의지할 가지 하나 없구나.
산은 높음을 싫어하지 않고, 물은 깊음을 싫어하지 않으리
주공은 입에 문 것을 뱉어가며, 천하의 마음을 얻기에 힘썼네.

月明星稀 烏鵲南飛　월명성희 오작남비
繞樹三匝 河枝可依　요수삼잡 하지가의

山不厭高 海不厭深　산불염고 해불염심

周公吐哺 天下歸心　주공토포 천하귀심

주무왕

이 시는 위왕 조조가 문인으로 호탕한 기상과 천하를 다루던 정치가로서의 포부와 야망이 함께 어우러진 작품이라고 한다. 특히 마지막 구절에 나오는 「주공토포(周公吐哺)」는 옛날 주공(周公)의 「토포악발(吐哺握髮)」 고사를 인용한 구절인데, 인재를 얻으려고 동분서주한 주공의 일화를 읊은 것으로 조조의 영웅적인 모습을 잘 보여주고 있다.

이 노래를 마친 조조는 회심의 미소를 지으며 크게 웃었고, 모두가 흥이 나서 유쾌하게 즐겼는데, 오직 유복(劉福)이란 장수만, 「달빛이 밝으니 별은 희미해지고, 까마귀 까치들은 남녘으로 날아간다. 나뭇가지를 거듭 돌아보지만, 어느 가지에 기댈 수 있을까?」라는 구절은 불길한 징조라고 걱정스레 말했다.

이 말에 흥이 깨진 조조는 창으로 유복을 찔러 죽이고 말았는데, 다음날 술이 깬 뒤 후회했다고 전하고 있다.

물론 이것은 《삼국지연의》에 있는 이야기일 뿐이고 실제 유복이 어떻게 죽었는지 정사 《삼국지》에는 설명이 없다. 시 가운데 「월명성희 오작남비(月明星稀 烏鵲南飛)」라는 구절은 북송의 시인 소식이 지은 「적벽부」에도 인용되었다.

59. 右通廣內 左達承明 右通广内 左达承明

우통광내 좌달승명

❶ 左顧右眄 (좌고우면)

❷ 萬事亨通 (만사형통)

❸ 長廣舌 (장광설)

❹ 內柔外剛 (내유외강)

❺ 左達承明 (좌달승명)

❻ 飛黃騰達 (비황등달)

❼ 起承轉結 (기승전결)

❽ 明眸皓齒 (명모호치)

풀이

❶ 左顧右眄 (좌고우면)

左顾右眄 왼 **左** 돌아볼 **顧** 오른 **右** 곁눈질할 **眄**

「왼쪽을 돌아보고 오른쪽을 곁눈질하다」라는 뜻으로, 어떤 일에 앞뒤를 재고 결단하기를 망설이는 태도를 비유하는 말이다.

삼국시대 위(魏)나라 조식(曹植)은 조조(曹操)의 셋째아들이다.

조 식

오질(吳質)은 자가 계중(季重)이며, 재능과 학식이 출중하여 위나라에서 진위장군(震威將軍)을 지냈고 열후(列侯)에 봉하여졌다.

조식이 오질에게 보낸 편지 「여오계중서(與吳季重書)」에 다음과 같은 내용이 있다.

「술잔 가득 술이 넘실거리고, 퉁소, 피리가 뒤에서 연주하면, 그대는 독수리처럼 비상하여 봉황이 탄복하고 호랑이가 응시할 것이니, 한고조의 명신 소하(蕭何), 조참(曹參)도 그대의 짝이 될 수 없고, 한무제의 명장 위청(衛靑), 곽거병도 그대와 어깨를 나란히 할 수 없을 것입니다. 왼쪽을 돌아보고 오른쪽을 살펴보아도 사람이 없는 것과 같다고 할 것이니, 어찌 그대의 장한 뜻이 아니겠습니까(左顧右眄 謂若無人 豈非吾子壯志哉)」

조식은 이 글에서 오질의 문무 겸비한 기상이 출중하여 고금을 통틀어 견줄 만한 사람이 없다고 찬미하였다.

이렇듯 좌고우면은 원래 좌우를 살펴보며 자신만만한 모습을 형용하는 말로 사용되었는데, 나중에 이리저리 살피는 모습 또는 어떤 일에 대한 고려가 지나쳐서 결단을 내리지 못하고 망설이는 태도를 비유하는 말로 사용되게 되었다.

❷ 萬事亨通(만사형통) 万事亨通 일만 **萬** 일 **事** 형통할 **亨** 통할 **通**

모든 일들이 뜻하는 대로 두루두루 잘되어 가는 것을 말한다. 어떤 일을 해도 어긋남이 없이 뜻한 바대로 잘 이루어진다는 말이다.

《주역》은 유교의 경전 가운데 3경(三經)의 하나인 《역경(易經)》을 말한다. 이 책은 점복(占卜)을 위한 원전(原典)과도 같은 것이며, 동시에 어떻게 하면 조금이라도 흉운(凶運)을 물리치고 길운(吉運)을 잡느냐 하는 처세상의 지혜이며 나아가서는 우주론적 철학이기도 하다. 주역(周易)이란 글자 그대로 주(周)나라의 역(易)이란 말이며 역이란 말은 변역(變易), 즉 「바뀐다」, 「변한다」는 뜻이며 천지만물이 끊임없이 변화하는 자연현상의 원리를 설명하고 풀이한 것이다.

「만사(萬事)」는 여러 가지의 일로 모든 일을 말한다. 「형(亨)」은 《주역》 64괘 중 첫 번째 괘인 건괘(乾卦)에 나오는 자연의 네 가지 원리인 원(元)·형(亨)·이(利)·정(貞)의 사덕(四德) 가운데 하나로 만물을 성장시키는 힘이다.

그래서 「형통(亨通)」이라는 말은 무슨 일이든 뜻대로 잘되어 가는 것을 가리킨다. 그러나 많은 여러 가지 일은 한창 왕성한 그 순간부터 쇠잔하고 미약해지기 시작하는 것이 이치이므로 일이 순조롭게 진행되어도 마음을 다잡지 않고 놓아버리거나 자만하면 안 된다는 의미도 내포되어 있는 말이다. 온갖 일들이 거리낌 없이 잘되어 나가는 것을 비유하는 말이다.

❸ 長廣舌 (장광설) 长广舌

길 **長** 넓을 **廣** 혀 **舌**

깊고 넓은 혀. 대단한 웅변. 또는 쓸데없이 장황하게 늘어놓는 말. 본래 부처님의 진실하고 거짓 없는 말을 의미한다.

석가모니

장광설(長廣舌)이란 「길고 넓은 혀」라는 뜻이다. 말은 입 속에 있는 혀를 움직여 소리가 되어 나오므로, 혀는 곧 말과 같은 뜻으로 쓰인다. 개구리가 아닌 이상 사람의 혀가 머리까지 닿을 수는 없었을 테고, 혀가 길고 넓었다는 말은 훌륭한 가르침의 말씀을 많이 남겼다는 뜻일 뿐이다.

장광설은 이렇게 처음엔 거짓 없는 진실한 말을 하는 사람을 가리키는 말이었다. 그런데 오늘날에는 한번 말을 했다 하면 사람들이 지루해지도록 끝도 없이 길게 하는 말을 가리키는 뜻으로 쓴다. 사람들은 너무 바빠서 남의 말을 귀담아들을 여유가 없기 때문에 오랫동안 길게 말하는 것을 달가워하지 않게 된 것이다. 언제 어디서든 요령 있게 할 말만 할 줄 아는 지혜가 필요하다.

❹ 內柔外剛 (내유외강)

内柔外刚 안 **內** 부드러울 **柔** 바깥 **外** 굳셀 **剛**

겉으로는 강하게 보이지만, 속은 부드럽다는 말. 「외강내유」로 바꾸어 쓰기도 한다. 그러나 원말은 「외유내강(外柔內剛)」으로, 겉으로는 순하고 부드럽게 보이지만, 마음속은 단단하고 굳세다는 뜻이다. 역시 「내강외유」로 바꾸어 쓸 수 있다.

내유외강은 안은 부드럽고 겉은 굳센 데 비해 외유내강은 겉이 부드럽고 안이 굳세다는 점에서 언뜻 정반대의 뜻을 가진 것처럼 보인다. 그러나 내유외강이나 외유내강 모두 안팎이 어우러져 부드러움과 강직함을 두루 갖춘 사람을 비유할 때 쓴다.

내유외강은, 겉이 듬직하고 위엄이 있어 가까이하기 어려운 사람으로 보였는데, 알고 보니 속내는 참으로 부드럽고 다정다감해 겉모습과 전혀 다를 때 많이 쓴다. 한마디로 부드러움과 굳셈을 겸비한 사람을 가리킨다.

반면 외유내강은 겉으로는 부드럽고 다정해 속도 곰살궂으려니 생각했던 사람이 알고 보니 겉과는 전혀 다르게 듬직하고 위엄이 있어 옹골질 때 흔히 쓴다. 역시 부드러움과 굳셈을 겸비한 사람을 뜻한다. 《역경》

❺ 左達承明 (좌달승명)

左达承明 왼 **左** 통달할 **達** 이을 **承** 밝을 **明**

왼쪽으로는 승명전(承明殿)으로 통한다.

《천자문》에 있는 말이다.

「오른쪽은 광내전(廣內殿)으로 통하고, 왼쪽은 승명전(承明殿)으로 통한다(右通廣內 左達承明)」

황제가 일 보는 정전(正殿) 오른쪽에 광내전이 있었고, 왼쪽에 승명전이 있었다고 한다. 광내전과 승명전은 한나라 황실이 천하의 모든 지식과 정보는 물론 학자들까지 독점 소유한 곳으로, 황제 권력의 강화와 유지에 중요한 기능을 했다.

광내전은 한(漢)나라 때 고전(古典)을 우러러 인문(人文) 정치를 펴고자 궁궐 안에 두었던 서적창고를 말하고, 승명전은 온갖 고전과 기록물을 학자들이 교열(校閱)하던 곳이었으며, 학자들이 저술활동과 기록 작업을 하던 집필 방 같은 곳이었다.

❻ 飛黃騰達 (비황등달) 飞黄腾达 날 **飛** 누를 **黃** 오를 **騰** 이를 **達**

「비황이 위로 올라가다」라는 뜻으로, 지위나 직위가 급상승하거나 갑자기 부귀와 권력을 얻게 되는 일을 비유하는 말이다.

당(唐)나라 때의 유명한 문인 한유(韓愈)가 아들에게 학문에 힘쓰도록 권하기 위하여 지은 시 「부독서성남(符讀書城南)」에서 유래되었다. 한유는 당나라의 문장가 · 정치가 · 사상가이다. 당송팔대가의 한 사람으로 자는 퇴지(退之), 호는 창려(昌黎)이며 시호(諡號)는 한문공(韓文公)이다.

「비황(飛黃)」은 전설 속의 신마(神馬)인 승황(乘黃)를 가리키고, 「등달(騰達)」은 「위로 올라가다」라는 뜻으로 입신출세를 의미한다.

《산해경(山海經)》 해외서경(海外西經)편에 온몸이 흰색인 사람들이 사는 백민국(白民國)에 승황이라는 짐승이 있다고 하였다. 그 모습은 여우처럼 생기고 등에는 뿔이 돋아 있으며, 이 짐승을 한 번 타기만 하면 2천 살까지 살 수 있다고 하였다.

한유의 시 「부독서성남」 시 가운데 이런 내용이 있다.

……

두 집에서 각기 아들을 낳아도,
둘 다 어린 시절에는 별 차이가 없고,
조금 자라 같이 모여 놀 때는,
같은 무리의 물고기와 다르지 않다네.
나이가 열 두세 살이 되면,
머리 골격이 조금 달라지네.
스무 살이 되면 그 차이가 점점 더 벌어져,
맑은 냇물이 도랑물에 비치는 듯하네.
서른 살, 골격이 굳어질 나이가 되면,
하나는 용이 되고 하나는 돼지가 된다.
비황은 뛰어 달리지만,
두꺼비 따위는 돌아보지도 않는다네.
하나는 말고삐를 잡는 시종이 되어,
채찍 맞은 등에서 구더기가 생기는데,
다른 하나는 삼공 재상이 되어,
고래 등 같은 집에 산다네.

兩家各生子 提孩巧相如　양가각생자 제해교상여

少長取嬉戲 不殊同隊魚 소장취희희 불수동대어
年至十二三 頭角秒相疎 연지십이삼 두각초상소
二十漸乖張 淸溝映迂渠 이십점괴장 청구영우거
三十骨骼成 乃一龍一豬 삼십골격성 내일룡일저
飛黃騰踏去 不能顧蟾蜍 비황등답거 불능고섬서
一爲馬前卒 鞭背生蟲蛆 일위마전졸 편배생충저
一爲公與相 潭潭府中居 일위공여상 담담부중거

이 시에서 비황은 학문을 이루어 입신양명하는 사람을 비유하고, 두꺼비는 학문을 이루지 못하여 비천한 삶을 살게 되는 사람을 비유한다.

❼ 起承轉結(기승전결) 起承转结 일어날 **起** 이을 **承** 바꿀 **轉** 맺을 **結**

시작(詩作)에 있어, 특히 한시(漢詩)의 절구체(絶句體)에 있어서의 구성법. 기승전락(起承轉落) 또는 기승전합(起承轉合)이라고도 한다.

제1구를 기구(起句), 제2구를 승구(承句), 제3구를 전구(轉句), 제4구를 결구(結句)라 하며, 이 네 구의 교묘한 구성으로 한 편의 절구를 만드는 방법이다. 즉, 기구에서 시상(詩想)을 일으키고, 승구에서 그것을 이어받아 발전시키며, 전구에서는 장면과 사상을 새롭게 전환시키고, 결구는 전체를 묶어서 여운(餘韻)과 여정(餘情)이 깃들도록 끝맺는 것이다.

또한 문장 구성에 있어서의 4단계, 즉 서론 · 설명 · 증명 · 결론과 같은 4단계의 구분도 기승전결의 전용(轉用)이다. 이는 소설이나 희곡에서 그 줄거리나 구성을 고안하는 데도 사용된다.

❽ 明眸皓齒 (명모호치) 明眸皓齿 밝을 **明** 눈동자 **眸** 흴 **皓** 이빨 **齒**

두보 초당

미인의 비유. 맑은 눈동자와 하얀 치아. 곧 미인을 이르는 말이다. 비슷한 말로 붉은 입술과 하얀 이라는 「단순호치(丹脣皓齒)」라는 성어가 있다. 당(唐)나라 말기의 대시인으로 시성이라고도 불린 두보(杜甫)의 시 「애강두(哀江頭)」에서 유래한 말이다.

맑은 눈동자 흰 치아 지금은 어디 있나
피땀으로 얼룩진 떠도는 넋은 돌아가지도 못하네.
맑은 위수는 동쪽으로 흐르고 검각은 깊은데
가고 머문 그대와 나는 서로 소식조차 없구나.
인생은 정든 눈물 가슴을 씻어 내리고
강가에 핀 꽃 어찌 다함이 있으랴.
황혼녘 오랑캐 말발굽 풍진은 자욱한데
성남으로 가고자 성 북쪽을 바라보네.

明眸皓齒今何在 血汗遊魂歸不得 명모호치금하재 혈한유혼귀부득
淸渭東流劍閣深 去住彼此無消息 청위동류검각심 거주피차무소식

人生有情淚霑臆 江水江花豈終極　인생유정루점억 강수강화개종극
黃昏胡騎塵滿城 欲往城南望城北　황혼호기진만성 욕왕성남망성북

곡강지의 현종과 양귀비 조상(彫像)

당나라 숙종 지덕(至德) 원년(756) 가을, 두보의 나이 마흔다섯, 안녹산(安祿山)의 난으로 현종은 양귀비와 함께 달아나고 천자로 즉위한 태자가 있는 영무(靈武)로 가던 중 체포되어 장안에 억류되어 있을 때 쓴 것이다.

강두(江頭)는 곡강지(曲江池)로 당시 왕족과 귀족들이 모여 놀던 곳이다. 반란군의 수중에 떨어진 장안에서 봄을 맞은 두보는 이곳 곡강지에 찾아와 옛날의 번화했던 시절을 그리워하면서 이 시를 지었던 것이다.

첫 구절에 나오는 명모호치는 양귀비의 아리따운 자태를 묘사한 말인데, 지금은 보통 미인의 자태를 비유하는 말로 쓰인다.

60. 旣集墳典 亦聚群英 既集坟典 亦聚群英

기집분전 역취군영

❶ 旣往勿咎 (기왕물구)

❷ 離合集散 (이합집산)

❸ 旣集墳典 (기집분전)

❹ 金石之典 (금석지전)

❺ 盜亦有道 (도역유도)

❻ 物以類聚 (물이유취)

❼ 群盲象評 (군맹상평)

❽ 蓋世英雄 (개세영웅)

풀이

❶ 旣往勿咎 (기왕물구) 旣往勿咎 이미 **旣** 갈 **往** 말 **勿** 허물 **咎**

「이뤄진 일이라 말하지 말며, 벌어진 일이라 간하지 말며, 이미 지나간 일이라 허물하지 말라(成事不說 遂事不諫 旣往勿咎)」

「기왕불구(旣往不咎)」라고도 한다.

《논어(論語)》 팔일편(八佾篇)에 있는 공자의 말이다.

노나라 애공(哀公)이 공자의 제자 재아(宰我 : 이름은 予)에게 사(社)에 대해서 묻자, 재아가 대답하기를, 「하후씨는 소나무로써 (신주를) 삼고, 은나라 사람들은 잣나무로써 하고, 주나라 사람들은 밤나무로써 하니 (밤나무로 신주를 삼은 것은) 백성들로 하여금 전율케 하려는 것입니다(夏后氏以松 殷人以栢 周人以栗 曰使民戰栗)」

밤나무란 한자어 율(栗)이 전율(戰慄)이란 율과 통용되는 데서 재아가 자기 스스로 착상을 한 것인지, 원래의 뜻이 그러했는지는 알 수 없다. 이 말을 전해들은 공자는, 재아의 그 같은 말이 가뜩이나 백성을 사랑할 줄 모르는 임금에게 엉뚱한 공포정치를 하게 할 마음의 계기를 만들어 줄까 두려운 생각이 들었다. 그래서 공자는 재아를 보는 순간 이렇게 꾸짖어 말했다.

「이루어진 일이라 말하지 아니하고, 되어버린 일이라 간하지 않으며, 이미 지나간 일이라 허물하지 않는다(成事不說 遂事不諫 旣往勿咎)」

이 말에 앞서 다른 말이 있었을 것 같은데 그 말은 《논어》에 나와 있지 않다.

상고시대 이래 동북아에서는 조상신과 천지자연을 숭상하는 전통이

공 자

있었다. 그러므로 새 왕조를 건국할 때에는 먼저 조상신을 모시는 사당인 조묘(祖廟 : 나라의 조묘는 宗廟라 함)와 토지신과 곡식 신을 모시는 사당인 사직(社稷)을 좌양우음(左陽右陰)의 음양 이치에 의거하여 좌묘우사(左廟右社)로 배치하여 세웠다.

각 사당에는 신주(神主)를 두었는데, 사직의 신주는 각기 나라마다 달랐다. 재아가 말했듯이 하(夏)나라의 시조인 하후씨는 소나무로, 은나라를 세운 탕 임금은 잣나무로, 그리고 주나라를 세운 무왕은 밤나무로 신주를 삼았다.

재아는 공자의 공문십철(孔門十哲) 제자 가운데 한 사람으로 말재주가 있었다. 그런 재아가 노나라 군주인 애공에게 본뜻과는 달리 사당의 밤나무는 왕의 권위를 엄중하게 보여주기 위한 것이라는 말을 함으로써 애공이 함부로 살벌(殺伐)을 행하게 하는 마음을 갖게 하였다.

평소 가르침에 크게 어긋나는 재아의 답변을 전해들은 공자로서는 용납할 수가 없는 일이었다. 공자는 제자들에게 재아의 일을 교훈삼아 항상 말을 조심하라는 뜻으로 재아의 잘못을 꾸짖었다.

이미 엎질러진 물은 다시 주워 담을 수 없으니 더 이상 이러쿵저러쿵 논하지 말 것이며(成事不說), 애공은 이미 재아가 말한 전율의 뜻이 옳다고 받아들였을 터인데, 그것이 본뜻과는 거리가 멀다고 다시 가서 간하다는 것은 군주를 기롱하는 것이므로 간하지 말 것이며(遂事不諫), 이미 지나간 일이므로 제자들은 더 이상 재아를 허물하지 말라(既往勿咎)고 하였다.

❷ 離合集散 (이합집산) 離合集散 헤어질 **離** 모일 **合** 모일 **集** 흩어질 **散**

헤어졌다가 모였다가 하는 일.

❸ 旣集墳典 (기집분전) 旣集坟典 이미 **旣** 모을 **集** 무덤 **墳** 법 **典**

이미 삼분(三墳)과 오전(五典)을 모으다.

《천자문》에 있는 말이다.

「이미 삼분(三墳)과 오전(五典)을 모으고, 또한 수많은 인재들도 모았다(旣集墳典 亦聚群英)」

태호 복희씨

「삼분(三墳)」은 삼황(三皇)이 지었다고 전해오는 책을 말한다. 삼황은 복희(伏羲)·신농(神農)·황제(黃帝)를 이른다.

「오전(五典)」은 오제(五帝)가 지었다고 전해오는 책을 말한다. 오제는 소호(小昊)·전욱(顓頊)·제곡(帝嚳)·요(堯)·순(舜)임금을 말한다.

「군영(群英)」은 수많은 인재와 현사(賢士)를 말하는 것으로, 옛 기록과 문헌, 서적들을 정리하고 연구할 학자 집단을 이른다.

즉, 광명전과 승명전을 짓고, 이곳에 삼분(三墳)과 오전(五典) 같은 서적들을 모아놓고 또 연구할 학자들까지 갖췄으니, 이제 나라와 백성을 다스릴 수 있는 근본이 마련되었다는 이야기다.

❹ 金石之典 (금석지전)

金石之典　　쇠 **金** 돌 **石** 어조사 **之** 법 **典**

쇠나 돌처럼 변함없는 가치를 지닌 법전(法典).

❺ 盜亦有道 (도역유도)

盜亦有道　훔칠 **盜** 또한 **亦** 있을 **有** 도리 **道**

도둑에게도 도둑의 도리(道理)가 있다는 뜻으로, 모든 것에는 합당한 도리가 있음을 비유한 말. 춘추시대 유명한 도둑 무리의 두목 도척(盜跖)의 말에 따르면, 도둑에게도 도(道)가 있다는 말이다.

《장자》 거협(胠篋)편에 있는 이야기다.

「상자를 열고 부대자루를 뒤지고 궤짝을 들추는 도둑을 막으려면, 반드시 노끈으로 잡아매거나 빗장이나 자물쇠를 단단히 하면 된다. 이는 이른바 세상의 지혜라는 것이다. 큰 도둑이 오면 궤짝을 지고 상자를 들고 자루는 메고 달아나면서도 오히려 노끈이나 자물쇠가 튼튼하지 않을까를 걱정한다. 그렇다면 앞에서 말한바 지혜 있는 사람이란 오히려 큰 도둑을 위해 재물을 쌓아둔 사람이 아니겠는가?」

이 말은, 군자라는 사람들이 제후나 왕이라는 큰 도둑을 위해 일한다는 말이다. 도척(盜跖)의 무리들이 도척에게 물었다.

「도둑질에도 도(道)가 있습니까(盜亦有道乎)?」

장자 동부조(銅浮彫)

도척이 대답했다.

「어딘들 도(道)가 없겠느냐? 무릇 사람의 집안에 간직되어 있는 물건을 미루어 알아맞히는 것이 성(聖)이요, 솔선해 앞장서 나서는 것은 용(勇)이요, 훔치고 나올 때 뒤를 맡는 것은 의(義)요, 목적을 달성할 수 있을지 어떨지를 아는 것은 지(知)요, 훔친 것을 공평하게 분배하는 것은 인(仁)이다. 이 다섯 가지 도리를 갖추지 못하고서 큰 도둑이 된 일은 일찍이 천하에 없었다」

이로써 본다면 착한 사람이라도 성인의 도를 얻지 못하면 홀로 설 수 없고, 도척이라도 성인의 도를 얻지 못하면 행세하지 못함을 알 수 있다.

그런데 세상에는 착한 사람은 적고 착하지 않은 사람은 많으니 성인이 천하를 이롭게 하는 일은 적고 해롭게 하는 일은 많다. 그러므로 입술이 없으면 이가 시리고(脣竭則齒寒), 노나라의 술이 싱거우면 한단이 포위되고(魯酒薄而邯鄲圍), 성인이 나타나면 큰 도둑이 일어나게 된다는 말이 있게 된 것이다.

성인을 배격하고 도둑들을 풀어줄 때 비로소 천하가 다스려진다. 무릇 냇물이 마르면 골짜기가 생겨나고, 언덕이 평탄해지면 연못이 메이는 법이다. 성인이 죽으면 큰 도둑이 일어나지 않아 천하가 평안해지고 아무 탈도 없게 될 것이다. 성인이 죽지 않으면 큰 도둑이 없어지지 않을 것이므로 비록 성인을 존중해 천하를 다스린다 하더라도 이는 곧 도척 같은 인간의 이득을 더욱 증대시키는 셈이 되는 것이다.

장주몽접(莊周夢蝶)

천하는 언제나 혼란스러운 것인데, 그 죄는 지혜를 좋아한 데 있다. 그러므로 세상 사람들은 모두 자신이 알지 못하는 것을 추구하고 있는 줄 알면서도 그가 이미 알고 있는 것을 추구할 줄은 모른다. 모두가 자신이 좋지 않다고 생각하는 것은 비난할 줄 알아도, 그가 이미 좋다고 생각하는 것은 비난할 줄 모른다. 그래서 큰 혼란이 일어나게 된 것이다.

그러므로 위로는 해와 달의 빛을 흐리게 하고, 아래로는 산천의 정기를 녹이며, 가운데로는 사계절의 운행을 파괴하여, 꿈틀거리는 벌레로부터 날아다니는 새에 이르기까지 그 본성을 잃지 않은 것이 없다.

심하도다! 지혜를 좋아함으로 해서 천하가 이토록 어지러워지다니. 삼 대 이후로 이러했으니, 순박한 백성들을 버리고 교활한 자들을 좋아하며, 담백무욕한 생활을 버리고 수다스러운 말을 좋아하는데, 그렇듯 번다한 말들로 인해 세상이 이렇듯 혼란스러워진 것이다.

❻ 物以類聚(물이유취) 物以類聚 만물 **物** 써 **以** 같을 **類** 모일 **聚**

물이유취

사람은 무리지어 나뉜다. 유유상종과 같은 뜻으로, 끼리끼리 모인다와 같은 표현이다. 오늘날에는 좋은 의미로 사용되기보다는 주로 좋지 않은 사람들이 한 부류로 모인 것을 비유하는 말로 사용된다.

《주역》 계사(繫辭)편의 「삼라만상은 같은 종류끼리 모이고, 만물은 무리를 지어 나누어지니, 이로부터 길함과 흉함이 생긴다(方以類聚 物以群分 吉凶生矣)」라는 구절에서 유래되었다.

또 《전국책》 제책(齊策)에 따르면, 전국시대 제나라의 순우곤(淳于髡)은 왕이 인재를 구한다는 말을 듣고는 하루에 일곱 명이나 천거하였다. 왕이 순우곤에게 인재는 구하기 어려운 법인데 하루에 일곱 명이나 천거한 것은 너무 많지 않느냐고 말했다.

이에 순우곤은 물건은 각기 비슷한 부류가 있으며(物各有疇), 자신도 인재의 부류에 속하기 때문에 얼마든지 인재를 추천할 수 있다고 말하였다.

7 群盲象評 (군맹상평) 群盲象评 무리 **群** 소경 **盲** 코끼리 **象** 평론할 **評**

모든 사물을 자기 주관과 좁은 소견으로 그릇 판단함.

뭇 소경이 코끼리를 평한다는 말은 널리 알려진 이야기다. 전체를 보지 못하고 일부분만 아는 사람이 자기가 알고 있는 그 일부분을 전체라고 고집하는 어리석음을 가리켜 「뭇 소경의 코끼리 평하듯 한다」고 한다. 《불경》에 있는 이야기다.

어느 나라에 왕이 하루는 한 대신을 불러 이렇게 명했다.

「코끼리를 끌어내어 소경들에게 보여주어라」

대신은 많은 소경들을 모아 놓고 그들 앞에 코끼리를 끌어냈다. 소경들은 보이지 않는지라 각각 손으로 코끼리를 만져 보았다. 대신이 왕에게, 「임금님의 명령대로 코끼리를 소경들에게 보여주었습니다」 하고 보고하자, 왕은 그 소경들을 불러내어 물었다.

「그대들은 코끼리를 알았는가?」

소경들은 입을 모아, 「네, 알았습니다」 하고 대답했다.

왕은 다시 소경들에게 이렇게 물었다.

「코끼리는 무엇과 비슷하게 생겼다고 생각되는가?」

그러자 맨 먼저 코끼리 이빨을 만져 본 소경이 대답했다.

「코끼리는 큰 무처럼 생겼습니다」

다음에는 귀를 만져 본 소경이 대답했다.

「아닙니다, 코끼리는 키처럼 생겼습니다」

이번에는 머리를 만진 소경이 대답했다.

「아닙니다, 코끼리는 돌처럼 생겼습니다」

그러자 코를 만진 소경이 대답했다.

「아닙니다, 코끼리는 절구공이처럼 생겼습니다」

이번에는 다리를 만진 소경이 대답했다.

「아닙니다, 코끼리는 절구통처럼 생겼습니다」

다음에는 등을 만진 소경이 대답했다.

「아닙니다, 코끼리는 평상처럼 생겼습니다」

그러자 배를 만진 소경은, 「코끼리는 독처럼 생겼습니다」 하고 대답하고, 끝으로 꼬리를 만진 소경은, 「아닙니다, 코끼리는 꼭 밧줄처럼 생겼습니다」 하고 대답했다.

세상도(洗象圖, 明 화가 정운붕)

이렇게 예를 든 후, 다음과 같이 끝을 맺고 있다.

「선남자(善男子)들이여, 이 소경들은 코끼리의 몸뚱이를 제대로 말하고는 있지 않지만, 그렇다고 말하고 있지 않는 것도 아니다. 그들이 말하고 있는 코끼리는 아니지만, 이것을 떠나서 또 달리 코끼리가 있는 것도 아니다」

이 이야기에 나오는 코끼리는 불성(佛性)을 비유해서 말한 것으로, 소경은 모든 어리석은 중생을 비유해 말한 것이다. 그리고 이 이야기는 중생이 불성을 부분적으로 이해하고 있다는 점, 즉 모든 중생에게는 다

불성이 있다는 것을 보여주고 있다.

「군맹상평」 혹은 「군맹평상」 이란 문자는 《불경》에서 나온 말인데, 현재 쓰이고 있는 뜻과 불경의 원 뜻과는 상당한 거리가 있다. 「군맹무상(群盲撫象)」 이라고도 한다. 우리가 쓰고 있는 뜻은, 못나고 어리석은 범인들이 위대한 인물이나 사업을 비판한다 해도 그것은 한갓 일부분에 지나지 않는 평으로 전체에 대한 올바른 평이 될 수 없다는 뜻이다.

❽ 蓋世英雄 (개 세 영 웅)

盖世英雄 덮을 **蓋** 세상 **世** 꽃부리 **英** 수컷 **雄**

기운이나 위력이 세상을 뒤덮을 만큼 뛰어난 영웅.

항우 영웅개세 조상(彫像)

초(楚)나라를 일으킨 항우(項羽)와 한(漢)나라를 일으킨 유방(劉邦)은 중원을 두고 다투던 당대 최고의 장수들이었다. 초나라와 한나라의 전세가 엎치락뒤치락하다가 마침내 해하(垓下)에서 최후의 결전을 맞게 되었다.

이때 항우는 군사도 적고 식량도 부족했을 뿐 아니라 한나라 병사들이 사방에서 초나라 노래까지 부르자(四面楚歌), 향수에 젖은 초나라 병사들 대부분은 전의를 잃고 도망을 갔다.

자신의 운명이 다했다고 판단한 항우는 최후의 만찬을 벌였다. 술 몇 잔을 단숨에 들이켠 항우는 초라해진 자신을 바라보며 비분한 심정으로 다음과 같이 노래하였다.

힘은 산을 뽑고 기상은 세상을 덮었는데
때가 불리하니 추마저 가지 않누나.
추마저 가지 않으니 난들 어찌하리.
우(虞)야, 우야, 너를 어찌하리.

力拔山兮氣蓋世　역발산혜기개세
時不利兮騅不逝　시불리혜추불서
騅不逝兮可奈何　추불서혜가나하
虞兮虞兮奈若何　우혜우혜나약하

이 시에서 「역발산기개세(力拔山氣蓋世)」라는 구절이 나온다.

두고종례 칠서벽경
61. 杜藁鍾隸 漆書壁經 杜藁锺隶 漆书壁经

❶ 두 점 방 맹
杜漸防萌

❷ 석 고 대 죄
席藁待罪

❸ 엄 이 도 종
掩耳盜鍾

❹ 두 고 종 례
杜藁鍾隸

❺ 칠 신 탄 탄
漆身呑炭

❻ 분 서 갱 유
焚書坑儒

❼ 향 벽 허 조
向壁虛造

❽ 경 세 제 민
經世濟民

풀이

❶ 杜漸防萌

두점방맹

杜漸防萌　막을 **杜** 차차 **漸** 막을 **防** 싹 **萌**

시초를 틀어막아 뒤탈이 없게 함. 《후한서》에 있는 이야기다.

후한의 제4대 황제 화제(和帝)는 장제(章帝)의 넷째아들로 태어났다. 이름은 유조(劉肇)이다. 어머니인 양귀인(梁貴人)은 장제의 황후 두씨(竇氏)에게 살해당했다. 이복형 유경(劉慶)을 대신하여 태자가 되었고 88년 9살 때 즉위하였다. 정식 시호는 효화황제(孝和皇帝)이다. 나이가 어려 두태후(竇太后)가 수렴청정을 하여 태후의 오빠인 두헌(竇憲)이 외척으로 정권을 장악하였다.

조정의 높은 자리는 두태후의 친정 식구들이 몽땅 차지하고 정치를 독점해버린 바람에 다른 대신들은 모두 꼭두각시요, 꿀 먹은 벙어리에 불과했다. 효문황후(孝文皇后) 두씨는 전한 문제의 황후이며 전한 경제의 어머니이다. 누구 하나 그 폐해를 모를 리 없지만, 혀를 잘못 놀렸다가는 언제 목이 달아날지 몰라 다들 입을 봉하고 있었다.

이때, 조정의 돌아가는 형편을 보다 못해 분연히 떨치고 일어선 사람이 있었다. 임금에게 직언하는 대관(臺官) 정홍(丁鴻)이 바로 그 사람으로서, 유창하고 논리정연한 언변으로 잘 알려진 인물이었다. 정홍은 황실 외척들이 국정을 농단하는 사태를 더 이상 방치하다가는 나라가 위태로울 것으로 보고 목숨을 던져서라도 시정해야겠다고 결심했다. 그래서 기회를 잡아 주위를 물리친 뒤 황제와 독대하여 단도직입적으로 진언했다.

「폐하, 그릇된 사물도 처음에 즉각 손을 써서 바로잡으면 용이하게

정홍의 두점방맹

풀리지만, 뒤로 미루다 보면 점점 손댈 수 없게 되어 마침내 수습 불능의 지경에 이르고 맙니다. 황공하옵게도 지금의 조정이 바로 그런 형편이어서, 폐하의 외척들인 두씨 일족이 국정을 농단하고 갖은 비리를 다 저지르고 있습니다. 이제 폐하께서 과감히 그 시초를 틀어막아 뒤탈이 없게 하셔서(杜漸防萌) 이를 시정하지 않으시면 장차 큰 후회를 하시게 될 것입니다. 통촉하소서!」

화제가 듣고 보니 정신이 번쩍 드는 소리였다.

「잘 알겠소. 짐이 어떻게 하면 되겠소?」

「두씨 일족을 삭탈관직 하여 조정에서 내치시고, 태후마마의 국정 간섭을 막아 폐하께서 친정(親政)을 시작하십시오. 그와 동시에 어질고 유능한 선비들을 발탁하여 각각 빈자리를 메우고 폐하를 보필하게 하시면 황실은 반석처럼 굳건해지고 천하는 안정될 것입니다」

「옳은 말이오. 내 일찍이 이처럼 속 시원한 말을 들어본 적이 없소」

화제는 정홍의 의견대로 즉시 개혁조치를 시행했다.

❷ 席藁待罪 (석고대죄)

席藁待罪 자리 **席** 볏짚 **藁** 기다릴 **待** 허물 **罪**

거적을 깔고 엎드려 처벌을 기다린다는 뜻으로, 저지른 죄에 대한 처분을 기다림.

❸ 掩耳盜鐘 (엄이도종)

掩耳盜鐘 가릴 **掩** 귀 **耳** 훔칠 **盜** 종 **鐘**

남들은 모두 자기 잘못을 아는데 그것을 숨기고 남을 속이고자 함.

「엄이도종」은 귀를 가리고 종을 훔친다는 뜻이다. 저만 듣지 않으면 남도 듣지 않는 줄 아는 어리석은 행동을 빗대서 하는 말이다. 「눈 가리고 아웅」과 같은 말이다.

《여씨춘추》 불구론(不苟論)의 자지편에 있는 이야기다.

진(晋)나라 육경(六卿)의 한 사람인 범씨(范氏)는 다른 네 사람에 의해 중항씨(中行氏)와 함께 망하게 된다. 이 범씨가 망하자, 혼란한 틈을 타서 범씨 집 종을 훔친 사람이 있었다. 그러나 종이 지고 가기에는 너무 커서 하는 수 없이 망치로 깨뜨렸다. 그러자 꽝! 하는 요란한 소리가 났다. 도둑은 혹시 딴 사람이 듣고 와서 자기가 훔친 것을 앗아갈까 하는 생각에 얼른 손으로 자기 귀를 가렸다는 것이다.

이 이야기는 임금이 바른말하는 신하를 소중히 여겨야 한다는 비유로 들고 있다. 자기의 잘못을 자기가 듣지 않는다고 남도 모르는 줄 아는 것은 귀를 가리고 종을 깨뜨리는 도둑과 똑같은 어리석은 짓이란 것을 말하기 위해서였다.

남이 들을까 겁이 나면 자기가 먼저 듣고 그 소리가 나지 않게 하는 것이 현명한 일이다. 바른말하는 신하는 임금의 가린 귀를 열어 주는 사람이므로 소중히 해야 한다.

《여씨춘추》에는 또 위문후(魏文侯)의 이야기를 예로 들고 있다.

위문후와 임좌

위문후가 신하들과 술을 마시는 자리에서 자기에 대한 견해를 기탄없이 들려달라며 차례로 물어 나갔다. 그러자 한결같이 임금의 잘한 점만을 들어 칭찬을 했다. 그러나 임좌(任座)의 차례가 되자, 그는 임금의 약점을 들어 이렇게 말했다.

「임금께서는 중산(中山)을 멸한 뒤에 아우를 그곳에 봉하지 않고 태자를 그곳에 봉하셨습니다. 그러므로 어두운 임금인 줄로 아옵니다」

문후는 무심중 얼굴을 붉히며 불쾌한 표정을 지었다. 그러자 임좌는 급히 밖으로 나가버렸다. 다음에 유명한 적황(翟黃)이 말할 차례가 되었다.

「우리 임금은 밝으신 임금입니다. 옛 말에 임금이 어질어야 신하가 바른말을 할 수 있다 했습니다. 방금 임좌가 바른말하는 것을 보아 임금께서 밝으신 것을 알 수 있습니다」

문후는 곧 자기 태도를 반성하고 급히 임좌를 부른 다음 몸소 뜰아래까지 나가 그를 맞아 상좌에 앉게 했다 한다.

❹ 杜藁鍾隷 (두고종례) 杜藁钟隶 막을 **杜** 짚 **藁** 쇠북 **鍾** 글씨 **隷**

두도의 초서와 종요의 예서가 있다. 《천자문》에 있는 말이다.

「두도의 초서와 종요의 예서가 있고, 옻칠로 쓴 벽 속의 경전이 있다(杜藁鍾隷 漆書壁經)」

글씨로는 두도(杜度)의 초서(草書)와 종요(鍾繇)의 예서(隷書)가 있고, 글로는 죽간(竹簡)에 칠서(漆書)로 된 과두(蝌蚪)의 글과, 공자의 후손이 살던 집 벽 속에서 나온 경서(經書)가 있다.

앞 구절 「이미 삼분(三墳)과 오전(五典)을 모으고, 또한 수많은 인재들도 모았다(旣集墳典 亦聚群英)」에서 이미 수집한 분전 속에는 각종 귀중한 것이 많았지만, 그 가운데서도 이와 같은 것이 더욱 귀중한 것이었다. 창힐(倉頡)이 글자를 처음 만들었고, 진나라 하급관리가 예서를 만들었으며, 두조는 초서를 만들었다고 하는데, 초서는 지금의 중국어 간체자에 가깝다.

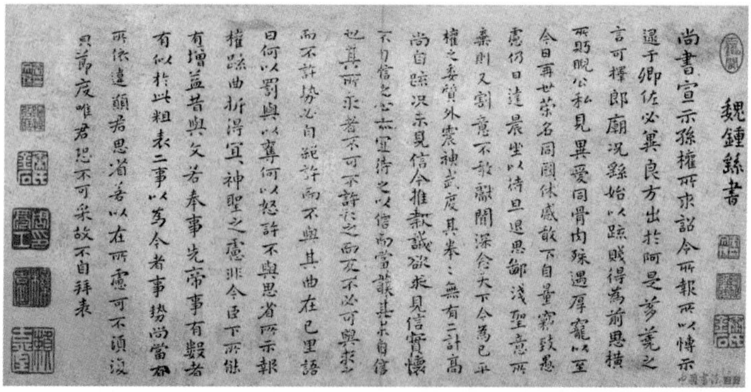

종요소해(鍾繇小楷)

「옻칠로 쓴 벽 속의 경전」이란, 공자의 집 벽 속에서 나온 서책들을 말한다. 노나라 공왕이 공자의 사당을 수리하다가 《서경(書經)》을 찾았는데, 대나무에 옻칠을 하여 만든 것이었다고 한다.

진시황이 중국 통일 후 승상 이사(李斯)의 상소를 받아들여 「분서갱유(焚書坑儒)」를 했다. 특히 선왕 도를 내세워 현실정치를 비판하는 유가(儒家)를 배척하였다.

이 사

진(秦)나라는 상앙의 변법 이래 법치 노선을 견지하였고, 천하통일 이후에도 이 정책은 변하지 않았다. 시황제(始皇帝) 34년(BC 213년) 전국의 유생들이 진나라에서 실시하는 중앙집권적 군현제를 반대하고 봉건제 부활을 주장함으로써 불행한 사태가 시작되었다.

시황제는 일단 그 의견을 조정의 공론에 붙였으나, 철저한 법가로 일관한 승상 이사는 그에 반대하는 데 그치지 않고, 차제에 사적인 학문으로 정치를 비판하는 일체의 행동을 본원적으로 봉쇄하기 위하여 진나라 이외의 모든 책은 불태우고, 《시》, 《서》, 백가어를 소장한 자는 30일 이내에 모두 관에 신고하여 불태우게 했다. 이를 어긴 자는 관노성단(城旦)으로 삼으며, 감히 《시》, 《서》를 논한 자는 기시(棄市 : 죄인의 목을 베어 시체를 길거리에 내다버리는 형벌)에 처하고, 옛것을 들먹이며 현실정치를 비방한 자는 족형(族刑)에 처할 것, 단 의약 · 점복 · 농업 관계 서적은 제외할 것을 건의하자, 시황제는 이를 재가하였다.

진시황은 법령과 실용서를 제외한 모든 서책을 태워 없앴다. 당시 유학자들은 공자의 철학과 사상이 담긴 서적들을 분서(焚書)를 피해 공자 집 벽 속에 《상서(尙書 : 서경)》, 《논어》, 《효경(孝經)》 등을 숨겨놓

았던 것이다. 이들 경전의 발견으로 진시황의 분서갱유로 큰 타격을 입었던 유가(儒家)의 사상은 부흥의 기회를 맞았다.

❺ 漆身呑炭(칠신탄탄) 漆身呑炭 옻칠할 **漆** 몸 **身** 삼킬 **呑** 숯 **炭**

몸에 옻칠을 하고 숯덩이를 삼킨다는 말이다. 은인을 위해서는 아무리 어려운 일이라도 서슴없이 강행하는 충정을 비유하는 말이다.

《사기》 자객열전에 있는 이야기다.

춘추시대 말기 진(晋)의 왕실은 왕년의 패자의 면목을 완전히 잃고 왕권이 흔들리면서 공경(公卿)들의 세력다툼이 벌어졌다. 그중 실권자였던 지백(智伯)이 패권다툼에서 한(韓)·위(魏) 양 가가 모반하는 바람에 조양자(趙襄子)에게 죽임을 당했다.

그러자 지백의 신하 중 예양(豫讓)이라는 자가 있었는데, 그는 「선비는 자기를 알아주는 이를 위하여 죽는다」고 보복을 맹세한 뒤 조양자를 죽임으로써 지백의 원한을 풀어주려고 했다.

예양은 미장이로 변장하고 궁중공사에 끼어들어갔다. 어느 날, 조양자가 변소에 들어가는 것을 보고 몰래 찔러 죽이려다가 실패하여 붙잡혔다.

이에 조양자가 그 이유를 묻자, 「지백은 나를 국사(國士)로 대접하였으니, 나도 국사로서 보답하기 위함이다」라고 대답했다. 조양자는 그를 충신이라 하여 훈방했다.

그러나 예양은 포기하지 않고, 이번에는 몸에 옻칠을 하여 문둥이처럼 하고, 숯을 삼켜(漆身呑炭) 벙어리처럼 걸식을 하면서 기회를 엿보았다.

어느 날, 다리 밑에 숨어서 마침 그 곳을 지나는 조양자를 죽이려고 했다. 그런데 조양자가 탄 말이 다리 앞 못 미쳐서부터 움직이지 않고 버티자, 그를 이상히 여겨 주변을 조사하는 바람에 발각되고 말았다.

조양자

조양자는 이제 더 이상 용서할 수 없다며 죽이라 명했다. 그러자, 예양은 마지막 소원이라며 조양자의 옷을 빌려달라고 했다. 옷을 건네받은 예양은 가슴 속에서 비수를 꺼내어 그 옷에 세 번 칼질을 하고, 「지백님이시여, 이제야 원수를 갚았습니다」 하고 하늘을 우러러 외친 다음 그 비수로 자결했다.

❻ 焚書坑儒(분서갱유) 焚书坑儒 불사를 **焚** 책 **書** 구덩이 **坑** 선비 **儒**

책을 불사르고 유생(儒生)들을 산 채로 구덩이에 묻어 죽임. 상황을 고려하지 않고 발본색원하는 폭정을 비유하여 일컬음.

진시황 34년 시황은 함양궁에서 술자리를 베풀었다. 이때 군현제도를 찬양하는 복야(僕射) 주청신(周靑臣)과 봉건제도의 부활을 주장하는 박사 순우월(淳于越)이 시황 앞에서 대립된 의견을 놓고 싸웠다. 시황은 이 문제를 신하들에게 토의하게 했다. 승상 이사(李斯)는 순우월의 의견을 몹시 못마땅하게 생각했다. 진시황의 독재 뒤에는 이사의 이기적인 칼날이 언제나 빛나고 있었다. 이사는 선비들의 그런 태도는 임금의 권위를 떨어뜨리고 당파를 조성하는 결과를 가져오므로 일절 금해야 한다고 주장하고, 구체적으로 이 같은 안을 제시했다.

진시황

「사관(史官)이 맡고 있는 진나라 기록 이외의 것은 모두 태워 없앤다. 박사가 직무상 취급하고 있는 것 이외에 감히 시서(詩書)나 백가어(百家語) 들을 가지고 있는 사람은 모두 고을 수령에게 바쳐 태워 없앤다. 감히 시서를 말하는 사람이 있으면 모두 시장바닥에 끌어내다 죽인다. 옛것을 가지고 지금 것을 비난하는 사람은 일족을 모두 처형시킨다. 관리로서 이를 알고도 검거하지 않는 사람도 같은 죄로 다스린다. 금령이 내린 30일 이내에 태워 없애지 않는 사람은 이마에 먹물을 넣고 징역형에 처한다. 태워 없애지 않는 것은 의약(醫藥)·복서(卜筮)·농사(種樹)에 관한 책들이다. 만일 법령을 배우고자 할 때는 관리에게 배워야 한다」

시황은 이사의 말을 채택하여 실시케 했다. 이것이 「분서(焚書)」다. 당시의 책은 오늘날과 같이 종이에 인쇄하여 대량으로 생산하는 것이 아니고, 대쪽(竹片)에 붓으로 써 놓은 것이며 한번 잃으면 또다시 복원할 수 없는 것도 많았다. 여하튼 인간의 문화에 대한 반역으로서 단연코 용서할 수 없는 일이다.

이듬해인 35년에는, 진시황이 불로장생을 원한 나머지 신선술을 가진 방사(方士)들을 불러 모았다. 그 중에서도 특히 우대를 한 것이 후생(侯生)과 노생(盧生)이었다. 그런데 그들은 진시황의 처사에 불안을 느꼈는지 시황을 비난하고 자취를 감추어 버렸다. 격노한 시황에게 정부를 비난하는 수상한 학자가 있다는 보고가 들어왔다. 시황은 어사를 시켜 학자들을 모조리 잡아다가 심문했다. 사실상 학자들은 비난한 일이 없지도 않은 터라, 서로 책임전가를 하며 자기만 빠지려 했다.

분서갱유도(파리국립도서관)

그 결과 법에 저촉된 사람이 460여 명이나 되었다. 이들은 모두 함양 성 안에 구덩이를 파고 묻게 했다. 널리 천하에 알려 다시는 임금이나 정부가 하는 일을 비판하는 일이 없도록 하기 위해서였다. 이것이 「갱유(坑儒)」다. 왕정의 기초를 공고히 하려는 시황제의 가법혹정(苛法酷政)은 「분서」나 「갱유」같은 사상 드물게 보는 폭거를 저지른 것이다.

그러나 이 「분서갱유」를 대단치 않은 사건으로 보는 학자도 있다. 죽은 사람은 460명뿐이었고, 책들은 사실상 참고를 위해 몇 벌씩 정부 서고에 보관되어 있었다. 그것을 불살라 버린 것은 실상 항우였다.

❼ 向壁虛造 (향벽허조) 向壁虛造　　향할 **向** 벽 **壁** 빌 **虛** 만들 **造**

「벽을 향하여 거짓으로 만들어내다」 라는 뜻으로, 근거 없이 날조해 내는 것을 비유하는 말이다.

「향벽허구(鄕壁虛構)」라고도 한다. 벽(壁)은 공벽(孔壁 : 공자가 살던 집의 벽)을 말한다. 이 말은 중국 고대 서적의 진위 여부를 가리는 데서 유래되었다. 고대 중국에 대한 소중한 기록을 담고 있는 《상서(尙書)》 100편은 한(漢)나라 초기에 이미 실전(失傳)되었는데, 문제(文帝) 때 다행히 복승(伏勝)이라는 노인이 일부를 가지고 있어 복원한 것이 《금문상서(今文尙書)》 이다.

공벽(孔壁)

그런데 한나라 경제(景帝) 때 공벽에서 《상서》를 비롯한 수십 편의 고서가 발견되었다. 공자의 후손인 공안국(孔安國)이 여기서 발견된 《상서》의 훼손된 부분 등을 정리하였는데, 이를 《고문상서(古文尙書)》 또는 공벽에서 나온 것이라 하여 《공벽상서》라고도 부른다. 《고문상서》는 정변(政變)의 와중에 소실되었다가, 후한(後漢)과 동진(東晉)시대에 다시 나타났다.

그런데 새로 나타난 《고문상서》는 이전 것에 비하여 편수도 늘어나 있었다. 이런 까닭에 《상서》는 그 진위에 대하여 논란이 끊이지

공안국

않았다. 허신(許愼)은 《설문해자》의 서문에서 「원문을 이상하게 고쳐서 벽을 향하여 알 수 없는 글을 거짓으로 만들어 낸 것이 변란이 자주 일어난 탓에 세상에서 빛을 발하게 되었다(詭更正文 向壁虛造不可知之書 變亂常行 以耀於世)」라고 하였다.

여기서 유래하여 향벽허조는 말이나 글의 근거나 출처가 확실하지 못하거나 터무니없이 날조하는 경우를 비유하는 성어로 사용된다.

《설문해자(說文解字)》 등에서 유래되었다.

❽ 經世濟民 (경세제민) 经世济民 날 **經** 대 **世** 건널 **濟** 백성 **民**

세상을 다스리고 백성의 생활을 조정하는 것. 「경제(經濟)」의 어원. 경(經)에는 거두다, 관리하다의 의미도 있다.

국가나 사회를 올바르고 윤택하게 경영하기 위해 제시되는 동양의 전통적 사회사상. 경세라는 말은 원래 인간 세상을 경륜·경영하는 일정한 기준이나 원칙을 의미한다.

유가철학(儒家哲學)에서는 흔히 「경세제민(經世濟民)」이라는 말을 통해 국가와 사회를 바르게 경영하고 백성을 구제하는 정치적·경제적·사회적·문화적 제 방면에 걸친 구체적 실천의 궁극적 과제와 원리를 제기한다.

그러므로 유가의 경세사상은 민본사상을 토대로 백성의 복리증진을 위한 경세적 시무책의 제시와 그것을 뒷받침하는 이론적 구축, 그리고 경세를 가능하게 하는 인륜질서의 확립을 주축으로 발전해 왔다고 볼 수 있다. 이런 점에서 경세사상의 핵심은 경세치용(經世致用)과 이용후생(利用厚生), 그리고 실사구시(實事求是)임을 알 수 있다.

62. 府羅將相 路俠槐卿 (부라장상 노협괴경) 府罗将相 路侠槐卿

❶ 府(부) 羅(라) 將(장) 相(상)

❷ 門(문) 前(전) 雀(작) 羅(라)

❸ 干(간) 將(장) 莫(막) 耶(야)

❹ 肝(간) 膽(담) 相(상) 照(조)

❺ 岐(기) 路(로) 亡(망) 羊(양)

❻ 俠(협) 客(객)

❼ 槐(괴) 安(안) 夢(몽)

❽ 干(간) 卿(경) 何(하) 事(사)

풀이

❶ 府羅將相(부라장상) 府罗将相 곳집 **府** 벌일 **羅** 장수 **將** 서로 **相**

관부에는 장수와 정승들이 벌여서 있다. 《천자문》에 있는 말이다.

「관부에는 장수와 정승들이 벌려 있고, 길 양옆으로는 삼공과 구경이 늘어서 있다(府羅將相 路挾槐卿)」

천자가 거처하는 좌우의 관부(官府)에서 장수와 정승들이 늘어서 있는 모습과 조정 대신들이 다니는 길 양 옆으로는 삼공(三公)과 구경(九卿)의 저택이 죽 늘어서 있는 것을 표현한 것이다. 이것은 모두 황제를 보위하고 있는 신하들의 위세를 나타낸 것으로, 황제의 막강한 권력과 도성의 번성(繁盛)을 나타내는 것이다.

중국의 신분질서를 보면, 천자인 제왕을 정점으로 하여 공경대부(公卿大夫)가 지배계급을 이루었다. 이때 공경(公卿)은 제후의 지위를 가진 사람들을 말하고, 대부(大夫)는 나라의 큰 벼슬아치(大臣)를 말한다.

「괴경(槐卿)」이라는 말은 조정 대신들이 다니는 길의 왼쪽에는 회화나무(槐) 세 그루를 심어 삼공(三公)의 자리를 두고, 오른쪽에는 가시나무 아홉 그루를 심어 구경(九卿)의 자리를 둔 데서 나온 것입니다.

「로(路)」는 조정으로 들어가는 길이다.

❷ 門前雀羅(문전작라) 门前雀罗 문 **門** 앞 **前** 참새 **雀** 새그물 **羅**

방문객도 없이 대문 앞에 참새를 잡는 그물이 쳐 있을 정도로 쓸쓸한 모양. 권세가 약해지면 방문객이 끊어진다는 말.

전한(前漢) 무제 때 급암(汲黯)과 정당시(鄭當時)라는 두 어진 신하가 있었다. 그들은 학문을 좋아하고 의협심이 강해 한때 구경(九卿)의 지위에까지 오른 적도 있지만, 지조가 강하고 직언하기를 좋아하여 매번 무제와 대신들을 무안하게 했다. 다른 대신들이 그들을 책망하면 이렇게 말했다.

「세태도(世態圖)」(明 화가 왕원)

「천자께서는 삼공과 구경을 두어 보필하는 신하로 삼았는데, 어찌 신하된 자로서 아첨하여 천자의 뜻만 좇아 천자로 하여금 옳지 못한 곳으로 빠지게 하겠소. 또 그런 지위에 있는 이상 자기 한 몸을 희생시키는 한이 있더라도 조정을 욕되게 해서야 되겠소?」

이 때문에 급암은 좌천과 면직을 거듭하다가 벼슬을 마쳤지만, 이들은 각기 협객을 자칭하며 찾아오는 손님은 지위고하를 막론하고 문 앞에서 기다리는 일이 없게 하고, 봉록 따위를 빈객과 잘 나누었다. 그래서 현직에 있을 때는 방문객이 들끓었다. 그러나 이들이 관직에서 물러나고 집안형편이 나빠지자 방문객의 발길이 뚝 끊겼다.

사마천(司馬遷)은 「열전」의 말미에 다음과 같이 평을 달았는데, 여기서 「문전작라(門前雀羅)」라는 말이 비롯되었다.

「급암 · 정당시와 같은 현인이건만 세력이 있으면 빈객이 열 배로 늘어나고, 세력이 없어지면 빈객들은 뿔뿔이 흩어져 갔다. 하물며 보통 사람이야 오죽하겠는가? 하규(下邽) 사람 적공(翟公)은 이렇게 말했다. 『처음 내가 정위가 되었을 때는 빈객이 문 앞에 가득 찼지만(門前成市), 파면되자 문 밖에 참새 잡는 그물을 쳐도 될 정도였다(門前雀羅). 내가 다시 정위가 되자 빈객이 또다시 밀려들었다. 그리하여 나는 문에다 크게 써서 붙여두었다.

한 번 죽고 한 번 사는데 곧 사귀는 정을 알게 되고,
한 번 가난하고 한 번 부하여 교제하는 참 모습을 알게 되며,
한 번 귀해지고 한 번 천해지므로 사귀는 진정을 곧 알게 된다.

一死一生 卽知交情　일사일생 즉지교정
一貧一富 卽知交態　일빈일부 즉지교태
一貴一賤 卽知交情　일귀일천 즉지교정』이라고.

급암과 정당시에 대해서도 똑같은 말을 할 수 있겠는데, 이 얼마나 슬픈 일이란 말인가?」

권력의 부침에 따라 변하는 인심을 나타내는 말로, 우리 속담에 「정승집 개가 죽으면 문상객이 문전성시를 이루지만 정승이 죽으면 문상객이 문전작라가 된다」는 말과 통한다.

❸ 干將莫耶(간장막야) 干将莫耶 방패 **干** 장수 **將** 아닐 **莫** 어조사 **耶**

천하에 둘도 없는 명검.

간장과 막야가 만든 칼이란 말로, 천하에 둘도 없는 명검이나 보검을

월왕 구천의 자작용검

비유하여 이르는 말이다.

《오월춘추(吳越春秋)》 합려내전에 있는 이야기다.

오(吳)나라에는 유명한 대장장이 간장(干將)이 그의 아내 막야(莫耶)와 오순도순 살고 있었다. 그 당시 오나라 왕 합려(闔閭)는 간장을 불러 명검 두 자루를 만들도록 명령했다. 간장은 나라에서 제일가는 대장장이라는 것을 공식적으로 인정받아 최선을 다해 칼을 만들기로 했다.

간장은 정선된 청동만으로 칼을 주조하기 시작했는데, 이 청동이 3년이 지나도 녹지 않았다. 왕의 독촉은 하루가 멀게 계속되고, 청동은 녹을 생각조차 하지 않았으므로 그의 걱정은 이만저만이 아니었다.

간장은 어떻게 하면 이 청동을 하루속히 녹여 칼을 만들 수 있을까 하는 걱정에 뜬눈으로 밤을 지새우는 날이 많았다.

그러던 중 그의 아내 막야가 청동을 녹일 방법을 알아냈다. 그것은 부부의 머리카락과 손톱을 잘라 용광로에 넣고 소녀 300명이 풀무질을 하는 것이었다.

막야의 말대로 하자 과연 청동은 서서히 녹기 시작했다. 그래서 칼도 명검으로서 손색이 없을 만큼 제 형체를 드러내기 시작했다. 간장은 칼이 완성되자, 한 자루에는 막야라는 이름을 새겼고, 또 다른 한 자루에는 간장이라고 새겨 넣었다.

이 칼은 그 어느 칼보다 단단하고 예리했으므로 높이 평가받게 되었고, 이로부터 「간장막야」는 명검을 가리키는 말이 되었다.

《순자(荀子)》 성악편(性惡篇)에 보면 사람의 성품이 악한 것을 논증하면서 이런 이야기를 하고 있다.

「중국 역대의 명검으로 제(齊)나라 환공(桓公)의 총(蔥), 강태공(姜太公)의 궐(闕), 주문왕의 녹(錄), 초장왕의 홀(忽), 그리고 오왕 합려의 간장과 막야, 거궐(鉅闕)과 벽려(辟閭)를 손꼽을 수 있다. 그러나 명검도 숫돌에 갈지 않으면 예리해지지 않으며, 사람의 힘이 가해지지 않으면 아무것도 자를 수 없다」

간장과 막야

❹ 肝膽相照 (간담상조) 肝胆相照 간 **肝** 쓸개 **膽** 서로 **相** 비출 **照**

진심을 터놓는 허물없는 우정, 마음이 잘 맞는 절친한 사이.

「간담상조」는 간과 쓸개를 서로 꺼내 보인다는 말로서, 친구 사이의 진정한 우정을 비유하는 말이다. 이 말은 당송팔대가(唐宋八大家) 중 한 사람인 한유(韓愈, 자는 퇴지)가 그의 친구인 유종원(柳宗元 : 자는 자후)의 우정을 칭송해서 쓴 「유자후묘지명」에서 비롯된 말이다.

한유와 유종원은 당대(唐代)를 대표하는 대문장가이다. 이들은 모두 당시 유행하던 화려한 문장을 천시하고 고문(古文)을 부흥시키고자 노력

했던 사람들로서, 오랜 세월 두터운 우정을 나눈 절친한 친구였다. 헌종(憲宗) 때 유종원은 정쟁에서 밀려나 두 번째로 유주자사(柳州刺史)로 좌천되었다가 죽고 말았다.

한 유

한유는 유종원을 위해서 묘지명을 썼는데, 그 가운데 「간담상조」가 나오는 1절을 소개해 보자.

유종원이 조정의 부름을 받아 유주자사로 임명되었을 때 중산(中山) 사람인 유몽득(柳夢得 : 이름은 우석) 또한 파주(播州) 자사로 임명될 예정이었다. 그 말을 들은 유종원은 울면서 말했다.

「파주는 척박한 변방의 땅으로 도저히 몽득 같은 사람이 살 곳이 못 된다. 노령인 모친을 모시고 부임할 수도 없을 테고, 또 그 사실을 어떻게 모친에게 알릴 수 있겠는가! 난처해 할 것을 차마 볼 수가 없다. 내가 몽득 대신 파주 행을 지원해야겠다. 물론 무거운 책망을 듣겠지만 그것은 각오한 바이다」

한유는 이에 이어, 「사람이 어려운 지경에 처했을 때야 비로소 진정한 절의(節義)가 드러나는 법이다. 아무 걱정 없이 살아갈 때는 서로 아껴 주며 술자리나 잔치자리에 부르곤 한다. 때로는 농담도 하고 서로 사양하고 손을 맞잡기도 한다. 그뿐이겠는가. 죽어도 배신하지 말자고 『쓸개와 간을 서로 내보이며(肝膽相照)』 맹세한다. 하지만 조금이라도 이해관계가 엇갈리면 눈길을 돌리며 마치 모르는 사람 대하듯 한다. 함정에 빠진 사람을 구해 주기는커녕 오히려 구덩이 속으로 밀어 넣고 돌을 던지는 사람이 이 세상에는 널려 있다」

이렇게 본다면 「간담상조」라는 말도 그 발생의 근원에 있어 이미 허위나 배반의 요소를 내포하고 있는 것이 아닐까. 진정한 간담상조하는 우정이란 세상에 드문 일이니만큼 더욱 더 높은 가치를 갖는다고나 할까?

유종원

한유가 유종원의 우정을 참된 우정으로 높이 평가한 데는 유우석이 파주자사로 임명되었을 때, 파주는 변방인 데다 70 노경에 있는 어머니를 모시고 갈 일이 걱정이었다. 이런 사실을 안 유종원은 자기가 대신 파주로 가겠다고 자청해 나섰던 것이다.

이것이 참된 친구요 「간담상조」할 수 있는 우정이라고 한유는 묘지명에 썼던 것이다.

❺ 岐路亡羊(기로망양) 岐路亡羊 갈림길 **岐** 길 **路** 달아날 **亡** 양 **羊**

달아난 양을 잡으려고 했지만, 갈림길이 많아서 찾지 못한다는 뜻으로, 진실을 추구하려고 해도 학문의 길이 많아서 쉽게 찾을 수 없음의 비유. 《열자》 설부편. 「다기망양(多岐亡羊)」

❻ 侠客 (협객) 俠客

호협할 **俠** 손 **客**

호방하고 의협심이 있는 사람.

❼ 槐安夢 (괴안몽) 槐安梦

회화나무 **槐** 편안할 **安** 꿈 **夢**

꿈과 같이 헛된 한때의 부귀와 영화. 「남가일몽(南柯一夢)」이라고 한다.

「남가일몽」은 남쪽으로 뻗은 나뭇가지 밑에서의 한 꿈이란 뜻이다. 사람의 덧없는 일생과 부귀 같은 것을 비유해 하는 말이다. 옛날 소설 따위를 보면 생시와 다름없는 역력한 꿈을 말할 때 이 남가일몽이란 문자를 쓰곤 했다. 생시와 다름없는 꿈이란 뜻일 것이다.

장자(莊子)의 나비꿈(胡蝶夢)의 이야기처럼 사람은 과연 생시 같은 꿈을 꾸고 있는 건지, 꿈같은 삶을 살고 있는 건지 모를 일이다.

당나라 때 이공좌(李公佐)의 소설 《남가기(南柯記)》에서 유래한 이야기다.

당나라 덕종(德宗 : 재위 779～805) 때, 강남 양주(揚州) 땅에 순우분(淳于棼)이란 사람이 살고 있었다. 그의 집 남쪽에는 몇 아름이나 되는 큰 괴화나무가 넓게 그늘을 드리우고 있었는데, 여름철에는 친구들과 어울려 그 괴화나무 밑에서 술을 마시며 즐기곤 했다.

하루는 밖에서 술에 취한 순우분이 친구의 부축을 받으며 집으로 업혀 들어와서는 처마 밑에서 잠시 바람도 쐴 겸 누워 있었다. 잠이 어렴

풋이 들었는데, 문득 바라보니 뜰 앞에 두 관원이 넙죽 엎드려 있었다. 그들은 머리를 들고, 「괴안국(槐安國) 국왕의 어명을 받고 모시러 왔습니다」 하는 것이었다.

남가일몽

순우분은 그들을 따라 문 밖에 대기하고 있는 네 마리 말이 끄는 마차에 올라탔다. 마차는 쏜살같이 달리더니 큰 괴화나무 뿌리 쪽에 있는 나무 굴로 들어갔다. 처음 보는 풍경 속을 수십 리를 지나 화려한 도성에 와 닿았다. 왕궁이 있는 성문에는 금으로 「대괴안국(大槐安國)」이라 씌어 있었다.

순우분이 국왕을 알현하자 국왕은 그를 부마로 맞이할 뜻을 비쳤다. 그의 부친은 일찍이 북쪽 변방의 장수로 있었는데, 그가 어릴 때 간 곳을 알 수 없게 되었다. 괴안국 왕의 이야기로는 그의 아버지와 상의가 있어 이 혼사를 결정했다는 것이었다.

부마로 궁중에서 살게 된 그에게 세 명의 시종이 따르게 되었는데, 그 중 한 사람은 얼굴이 익은 전자화(田子華)란 사람이었다. 또 조회 때 신하들 속에 술친구였던 주변(周辯)을 발견하게 되었는데, 전자화의 말로는 지금은 출세를 해서 대신이 되어 있다고 했다.

이윽고 남가군(南柯郡)의 태수로 임명되어 전자화와 주변을 보좌역으로 데리고 부임했다. 그로부터 20년 동안 두 사람의 보좌로 고을이 태평을 누리게 되고, 백성들은 그를 하늘처럼 우러러보았다. 그 사이 다섯 아들과 두 딸을 얻었는데, 아들들은 다 높은 벼슬에 오르고, 딸은 왕가에 시집을 가서 그 위세와 영광을 덮을 가문이 없었다.

20년이 되던 해, 단라국(檀羅國) 군대가 남가군을 침략해 들어왔다. 주변이 3만의 군대를 이끌고 나가 맞아 싸웠으나 크게 패했다. 주변은 이내 등창을 앓다가 죽고, 뒤이어 순우분의 아내 역시 급병으로 세상을 떠나고 말았다. 그는 벼슬을 사임하고 서울로 돌아왔다. 그러나 그의 명성을 사모하여 찾아오는 귀족과 호걸들이 문턱이 닳도록 드나들었다.

그러자 그가 역적 음모를 꾸민다고 투서를 하는 사람이 있었다. 왕은 겁을 먹고 있던 참이라 그에게 근신을 명령했다. 그는 스스로 죄가 없는지라 심한 불행 속에 나날을 보냈다.

이것을 눈치 챈 국왕 내외는 그에게, 「고향을 떠난 지 벌써 오래니 한번 다녀오는 것이 어떻겠는가? 그동안 손자들은 내가 맡을 터이니 3년 후에 다시 만나기로 하지」 하고 권했다.

그가 놀라, 「제 집이 여긴데, 어디를 간단 말입니까?」 하고 반문했다.

그러자 국왕은, 「그대는 원래 속세 사람, 여기는 그대의 집이 아닐세」 하며 웃는 것이었다. 순우분은 그제야 옛날 생각이 되살아나 고향으로 돌아가기로 했다.

처음 그를 맞이하러 왔던 사람들에 의해 옛 집으로 돌아오자, 처마 밑에 자고 있는 자기 모습이 보였다. 깜짝 놀라 우뚝 서 있노라니 두 관리가 큰 소리로 그의 이름을 불렀다. 번쩍 눈을 뜨니, 밖은 그가 처음 업혀 올 때와 변한 것이 없고, 하인은 뜰을 쓸고 있고, 두 친구는 발을 씻고 있었다.

그가 친구와 함께 괴화나무 굴로 들어가 살펴보니 성 모양을 한 개미집이 있는데, 머리가 붉은 큰 개미 주위를 수십 마리의 큰 개미가 지키고 있었다. 그것이 「대괴안국」의 왕궁이었다. 다시 구멍을 더듬어 남쪽으로 뻗은 가지(南柯)를 네 길쯤 올라가자 네모진 곳이 있고 성 모양의 개미집이 있었다. 그가 있던 남가군이었다. 그는 감개가 무량해서 그 구멍들을 본래대로 고쳐 두었는데, 그날 밤 폭풍우가 지나가고 아침에 다시 보니 개미들은 흔적마저 보이지 않았다.

남가군에서 만난 사람들과는 열흘 전에 만난 일이 있었다. 하인을 시켜 알아보니 주변은 급병으로 죽고, 전자화도 병으로 누워 있었다.

그는 이 남가의 한 꿈에 인생의 허무함을 깨닫고 술과 여자를 멀리하며 도술(道術)에 전념하게 되었다. 그런 지 3년 뒤에 집에서 죽었는데, 이것이 남가국에서 약속한 기한이 되는 해였다.

농서3李(이조위、이공좌、이복언)

이 이야기는 당나라 이공좌(李公佐)가 지은 이야기로 《이문집(異聞集)》이란 책에 실려 있던 것이 《태평광기(太平廣記)》에 다시 수록되어 지금까지 전해지고 있다.

❽ 干卿何事 (간경하사)

干卿何事 방패 **干** 벼슬 **卿** 어찌 **何** 일(섬길) **事**

쓸데없이 남의 일에 참견하는 사람. 《남당서(南唐書)》 풍연사전에 있는 이야기다.

중국의 오대십국(五代十國) 시대 강남에 위치한 남당(南唐)에서는 이

왕안석

름난 시인들이 몇 사람 배출되었다. 2대 황제 이경(李璟), 3대 황제 이욱(李煜), 재상 풍연사(馮延巳), 그리고 성언웅, 서현 등이 그 대표적인 인물이다.

이경의 사(詞)는 오늘날까지 전해오는 작품이 다섯 수 있는데, 「탄파완계사(攤破浣溪紗)」가 대표작이다. 이것은 깊은 밤, 먼 변방 싸움터에서 고생하는 남편을 그리는 여인의 심정을 읊은 시인데, 거기에 다음과 같은 구절이 나온다.

보슬비에 꿈을 깨니 닭 울음소리 아득하고
작은 누각에서 부는 옥피리 소리 차가워라

細雨夢回鷄塞遠 小樓吹徹玉笙寒　세우몽회계새원 소루취철옥생한

송나라 때의 학자인 왕안석(王安石)은 이 두 구절을 가리켜 강남사(江南詞) 중 가장 훌륭한 글귀라고 칭찬했다고 한다.

풍연사의 작품은 전해져 내려오는 것이 비교적 많은 편이다. 그 가운데 알금문(謁金門)이라는 작품 역시 임 생각에 애끓는 여인의 심정을 그린 것이다. 작품에 「봄바람 문득 불어와 연못에 잔잔한 물결을 일으킨다」는 구절이 들어 있다.

이에 「탄파완계사」의 작자인 황제 이경이 풍연사를 보고 「연못에 잔물결이 이는 것이 경과 무슨 상관이란 말이오(吹皺一池春水 干卿何事)?」하고 농담을 건네자,

풍연사도 「폐하께서도 『작은 누대에 울어예는 옥피리 소리 차가워라(細雨夢回鷄塞遠 小樓吹徹玉笙寒)』라는 글귀를 짓지 않으셨습니까?」라며 농담으로 받아넘겼다고 한다.

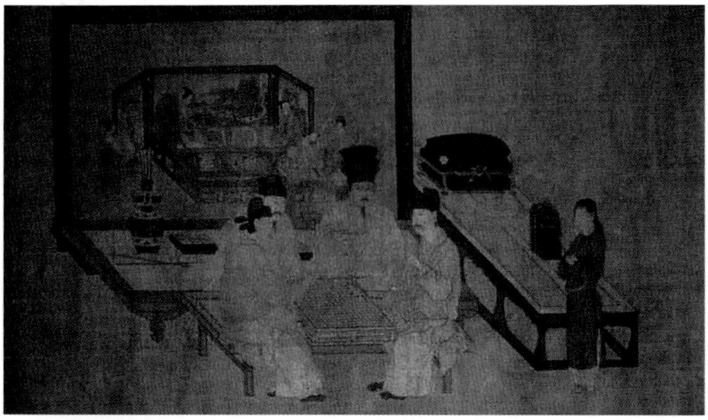

황제 이경과 풍연사

이렇게 해서 「경과 무슨 상관인가?」 또는 「그대와 무슨 상관인가?」라는 뜻으로서의 간경하사가 나중에 성구로 되었다. 간경심사(干卿甚事)라고도 한다.

63. 戶封八縣 家給千兵 戶封八县 家给千兵

(호봉팔현 가급천병)

❶			삼 三	호 戶	망 亡	진 秦	
❷				봉 封	시 豕	장 長	사 蛇
❸				팔 八	징 徵	구 九	징 徵
❹	호 戶	봉 封	팔 八	현 縣			
❺			사 徙	가 家	망 忘	처 妻	
❻			자 自	급 給	자 自	족 足	
❼		악 惡	사 事	천 千	리 里		
❽		승 勝	패 敗	병 兵	가 家	상 常	사 事

풀이

❶ 三戶亡秦 (삼호망진) 叁户亡秦 석 三 지게 戶 망할 亡 진나라 秦

「세 가구의 집이 진(秦)나라를 멸망시킨다」는 뜻으로, 잠시 역경에 처해 있어도 결국에는 반드시 승리한다는 말로, 작은 일도 중첩되면 결국 견고한 물건이나 터전도 무너진다는 말이다.

《사기》 항우본기에 있는 이야기다.

진(秦)나라 말년 진승(陳勝)과 오광(吳廣)의 민란이 일어나자, 항량(項梁)과 그의 조카 항우(項羽)도 강동에서 장정 8천여 명을 모아 봉기한 다음 서쪽으로 진군하려 하였다.

진승 오광의 봉기 석각

이때 진승의 부대는 진나라 군대에 의해 막 격퇴당하고 그의 부하 소평이라는 사람은 진승의 명령을 빙자하여 항량을 상주국(上柱國)에 임명한 다음 곧 서진할 것을 재촉하였다.

이에 항량은 서진 길에서 진영, 경포, 진가 등의 여러 부대들을 포섭하여 강대한 세력으로 군림하게 되었다.

얼마 후 진승이 희생되었다는 확실한 소식이 들어오자, 항량은 봉기군 장수들을 모아놓고 대사를 논의하게 되었다. 이때 범증(范增)이라는 70여 세의 노인이 항량에게 말했다.

범 증

「진나라가 전국칠웅(戰國七雄)을 섬멸하는 중에 가장 억울했던 것은 초나라였다. 초회왕은 진나라에 들어갔다가 억류되어 거기서 죽었는데, 초나라 사람들은 지금도 초회왕(楚懷王)을 그리워하고 있다 그래서 초의 남공은 『초나라에 세 가구의 인가만 남는 한이 있더라도 초나라는 기필코 진나라를 멸망시키고 말 것이다(楚雖三戶 亡秦必楚也)』라고 한 것이다. 진승이 실패한 것은 바로 초왕의 후예를 왕으로 세우지 않았기 때문인즉 장군은 반드시 초왕의 후예로 왕을 세워야 한다」

항량은 범증의 권고대로 초회왕의 손자 심을 세워 왕으로 삼고 여전히 초회왕이라 부르면서 이를 빌미로 여러 반란군 장병들과 백성들의 지지를 받게 되었다고 한다.

❷ 封豕長蛇(봉시장사) 封豕长蛇 봉할 **封** 돼지 **豕** 길 **長** 뱀 **蛇**

「봉시(封豕)」는 큰 돼지, 「장사(長蛇)」는 긴 뱀을 가리킨다. 돼지처럼 음식을 탐내어 먹고, 긴 뱀같이 음험하다는 의미로, 욕심이 많고 잔인한 사람을 비유하는 말이다.

공자의 《춘추(春秋)》를 노(魯)나라 좌구명(左丘明)이 해석한 《좌씨전》 정공(定公) 4년조에 나오는 다음 이야기에서 유래한 성어(成語)이다.

춘추전국시대(春秋戰國時代)에 오(吳)나라가 초(楚)나라를 공격하자 초나라의 신포서(申包胥)는 진(秦)나라의 애공(哀公)에게 가서 군대를 원조해 달라고 청하고 오나라를 토벌하도록 권유하면서 이렇게 말했다.

좌구명

「오나라는 탐욕스러운 큰 돼지와 긴 뱀같이 줄곧 다른 나라를 침략하여 삼키려고 합니다(吳爲封豕長蛇 以薦食上國). 재앙이 초나라에서 시작하였는데, 군주가 나라를 지키지 못하고 풀이 우거진 들판 너머에 있습니다」

음식을 탐내는 돼지와 통째로 먹이를 삼키는 뱀처럼 탐욕스러운 악인이나 잔혹한 행위를 나타낼 경우에 쓰이는 성어다.

❸ 八徵九徵 (팔징구징) 八徵九徵 　여덟 八 조짐 徵 아홉 九

「여덟 가지 징조와 아홉 가지 조짐」이라는 뜻으로, 사람의 됨됨이를 판단하는 기준이나 방법을 이르는 말이다.

고대 병서 《육도(六韜)》와 도교 철학서 《장자(莊子)》에 나오는 인재선발의 여덟 가지 기준(八徵)과 아홉 가지 방법(九徵)을 합한 말이다.

먼저 《육도(六韜)》 선장(選將)편에 태공망(太公望)이 주(周)나라 무왕(武王)에게 인재 선발의 여덟 가지 기준에 대하여 설명한 대목이다.

첫째, 말로 물어 말투를 살피고,
둘째, 말로써 궁지에 몰아넣어 변화를 살핀다.
셋째, 주변 사람에게 물어 그 성실함을 살피고,
넷째, 분명하게 드러내어 물어 덕성을 살피고,
다섯째, 재물을 다루게 하여 청렴함을 살피고,
여섯째, 여색으로 시험하여 정조를 살핀다.
일곱째, 어려운 상황을 알려 용기를 살피고,
여덟째, 술에 취하게 하여 태도를 살핀다.

위수 가의 태공망 여상(日 화가 狩野融川)

이렇게 여덟 가지 징조를 시험해 보면 어질고 어리석음을 구별할 수 있다(八徵皆備則賢不肖別矣).

《장자(莊子)》 열어구(列禦寇)편에서는 공자의 말을 빌려, 「무릇 사람의 마음은 험하기는 산천보다 더하고, 알기는 하늘보다 어려운 것이다. 하늘에는 그래도 봄·여름·가을·겨울 네 계절과 아침과 저녁의 구별이 있지만, 사람은 꾸미는 얼굴과 깊은 정이 있기 때문이다. 그러므로 군자는 사람을 쓸 때는,

멀리 두고 부리면서 충성됨을 살피고,
가까이 두고 부리면서 공경됨을 살핀다.
번거로운 일을 시켜 능력을 살피고,
갑작스런 물음으로 지혜를 살핀다.

촉박한 약속으로 신용을 살피고,
재물을 맡겨 그 어짊을 살핀다.
위험한 상황에 놓여있다고 알려주어 절개를 살피고,
술에 취하게 하여 법도를 살피며,
남녀가 섞인 곳에 있게 하여 호색(好色)함을 살핀다.

이 아홉 가지 조짐을 시험해 보면 불초한 사람을 가려낼 수 있다(九徵至 不肖人得)」

오늘날에도 사람의 됨됨이를 판별하고 인재를 발굴하는 방법으로 여전히 유효하게 받아들여지고 있다.

❹ 戶封八縣(호봉팔현) 户封八县 지게 **戶** 봉할 **封** 여덟 **八** 고을 **縣**

한고조 유방

여덟 고을을 식읍으로 봉하다. 《천자문》에 있는 말이다.

「여덟 고을을 식읍으로 봉하고, 그 가문에는 군사 1천 명을 주었다(戶封八縣 家給千兵)」

한(漢)나라를 세운 고조(高祖) 유방(劉邦)은 중국 최초의 평민출신 황제였다. 유방은 개국 초기, 이들 중 일등 공신(功臣)들에게 영지(領地)를 분봉해 주어 제후 왕으로 삼았다. 아직 권력기반이 불안정하고 공신인 제후 왕들의 세력이 컸던 개국 초기, 유방은 이들이 안심하도록 합당한 대우를 해주었다. 그러나 권력 안정과 자신이 지닌 군사력에 대한 확신이 서게 된 이후부터 유방은 이들을 하나하나 제거해 나가기 시작한다.

유방은 이들 제후 왕을 제거한 다음 그 자리에 모두 자신의 아들들을 앉혔다. 결국 유방의 손에 처참하게 살해당한 한신을 비롯한 공신 제후 왕들은 권력과 영화를 누리기는커녕, 「토끼사냥이 끝나면 사냥개는 삶긴다」는 「토사구팽(兎死狗烹)」 고사만 남기게 된 셈이다.

❺ 徙家忘妻(사가망처) 徙家忘妻 옮길 **徙** 집 **家** 잊을 **忘** 아내 **妻**

이사를 가면서 아내를 잊어버리고 간다는 뜻으로, 정말 중요한 것이 무엇인지 놓쳐버리는 얼빠진 사람을 비유하여 이르는 말이다.

《공자가어》 현군편(賢君篇)에 있는 이야기다.

춘추시대 노(魯)나라의 왕 애공(哀公)은 공자가 말한 것처럼 그렇게 얼빠진 사람이 어찌 있을 수 있겠느냐 하면서 공자에게 물어본 적이 있다고 한다. 그랬더니 공자가 하는 말이, 이사할 때 자기 아내마저도 잊는 사람도 있다는 것이었다. 이에 노애공이 한층 더 아리송해하자 다음과 같은 내용의 이야기를 들려주었다고 한다.

황음무도한 걸주(桀紂)

「하왕조(夏王朝)의 마지막 왕

인 걸왕(桀王)과 은(殷)나라 최후의 왕인 주왕(紂王)은 포악한 정치를 한 임금의 전형으로 황음무치(荒淫無恥)하고 부화타락(附和墮落)하여 나라 일은 전혀 돌보지 않고 민생을 돌보지 않았을 뿐 아니라, 권세에 아부하고 남을 비방하기 좋아하는 간사한 무리들을 사주해서 더 많은 악행을 저지르게 하였습니다. 이리하여 충성스럽고 정직한 사람들은 추방을 당하게 되었거나 군주에게 간할 기회마저 잃게 되었지요. 그 결과 걸주(桀紂) 같은 폭군들은 나라를 망치고 자신의 운명마저 담보하지 못했으니 그들은 나라와 백성을 망각했을 뿐 아니라 자기 자신마저 깡그리 잊어버리게 되었던 것입니다」

「사택망처(徙宅忘妻)」라고도 한다.

❻ 自給自足 (자급자족) 自给自足 스스로 **自** 공급할 **給** 족할 **足**

자기에게 필요한 것은 스스로 공급하여 충당함.

자신에게 필요한 것을 스스로 공급하는 것은 원시시대에나 가능한 일이다. 요즘에는 분업화(分業化)가 잘 이루어져 있어서 자기가 쓰는 물건을 자기 스스로 만들어 사용하는 것은 꿈도 꾸지 못할 일이다.

❼ 惡事千里 (악사천리) 恶事千里 악할 **惡** 일 **事** 일천 **千** 거리 **里**

나쁜 일은 빨리 세상에 퍼진다.

스물 전후의 아름다운 하녀 반금련(潘今蓮)은 돈 많은 주인이 유혹을 했지만 허락하지 않고 남들이 추남이라 싫어하는 무태랑에게 시집을 가게 되었다. 추남에다 몸집도 왜소한 무대가 항상 불만인 반금련은 호랑이를 주먹으로 때려잡은 시동생 무송(武松)에게 마음을 빼앗기고 있었다. 6척 장신에 우람한 체구는 반금련의 호감을 살만 했다. 반금련의 은근한 유혹에 착실한 무송은 말없이 집을 나갔다. 집을 나서면서 무송은 형 무대에게 형수에 대한 충고를 하고 출발했다. 반금련은 무송이 집에 없는 틈을 타서 약방을 하는 서문경과 찻집에서 밀회를 즐겼다.

반 달이 채 안돼서 「호사불출문 악사주천리(好事不出門 惡事走千里)」라는 옛말과 같이 동네에 널리 알려지고, 모르는 것은 남편 무대뿐이었다. 이것은 《수호지》에 있는 이야기다.

그런데 이 옛말이 멀리는 송대의 시인 손광헌(孫光憲)이 기록한 《북몽쇄언(北夢瑣言)》에는 옛말로서 인용되고, 또 거의 같은 시대의 선(善)의 수행을 위한 어록집 《전등록》에도 보이는데, 다 같이 주(走)를 행(行)으로 쓰고 있다.

결국 「좋은 일은 좀처럼 남에게 알려지지 않으나」라는 전반을 생략하고, 「나쁜 일을 하면 곧 멀리까지 알려진다」라는 후반의 말을 「나쁜 짓을 하지 말라」 하고 훈계할 때 흔히 쓰인다.

8 勝敗兵家常事

승패병가상사 胜败兵家常事

이길 **勝** 질 **敗** 병사 **兵** 집 **家** 항상 **常** 일 **事**

이기고 지는 것에 크게 개의치 말고 최선을 다하는 것이 중요하다.

상대가 없는 싸움은 없다. 하나가 이기면 하나가 지기 마련이다. 승패는 동시에 성립된다. 승패가 없이 비긴다는 것은 드문 일이요, 또 정상이 되지 못하다. 전쟁을 직업처럼 알고 있는 병가(兵家)로서는 이기고 [illegible]한 일로 알고 있어야 한다.

[illegible]나 경기나 그 밖의 모든 사회활동에 있어서 성공과 [illegible]니기 마련이다. 그러므로 승리나 성공을 거두었 [illegible] 것도 없는 일이며, 또 패배나 실패를 맛보았다 [illegible] 낙심할 필요도 없는 것이다. 특히 전쟁에 패하고 [illegible]금이나 장군들을 위로하기 위해 항상 인용되곤 하는 먼 옛날 [illegible]터 전해진 말인 것 같다.

배 도

《당서》 배도전(裵度傳)에 있는 말로서, 당 황제가 싸움에 지고 온 배도에게 한 말이다.

「한번 이기고 한번 지는 것은 병가에서 늘 있는 일이오(一勝一敗 兵家常事)」

전쟁에 패하여 낙심하고 있는 임금이나 장군을 위로하기 위해 고전 역사서에 자주 인용되는 말이다.

이 말은 결국 싸움에 있어서 승패 자체가 중요하지만, 그 싸움에 임하는 자세와 승패 후에 오는 마음가짐이 더 중요하다는 뜻으로 쓰인다.

패배나 실패를 염두에 두지 않는 싸움처럼 무모한 싸움은 없다. 꼭 이긴다, 꼭 성공한다 하고 일을 시작하는 사람처럼 어리석은 사람은 없다. 성공했을 때와 실패했을 때를 똑같이 염두에 두고 그 다음의 대책을 강구해 두지 않는 사람은 비록 성공을 해도 그 성공을 성공으로 끝맺기가 어려운 법이다.

그러나 두 경우를 다 염두에 두고 만일의 … 가면
비록 실패를 했더라도 그 실패는 성공의 밑…
승패 자체가 문제가 아니라, 그 승패에 임하는 …
의 마음가짐이 더욱 중요한 것이다. 따라서 …
와 훈계와 격려와 분발을 모두 포함하는 …

— 千字文나무 5 …

색인

고사성어가 열리는

천자문 나무 ❺

★

초판 인쇄일 / 2016년 7월 5일

초판 발행일 / 2016년 7월 10일

★

엮은이 / 팬더 컬렉션

펴낸이 / 김동구

펴낸데 / 明文堂

창립 1923. 10. 1

서울특별시 종로구 윤보선길 61(안국동)

우체국 010579-01-000682

☎ (영업) 733-3039, 734-4798

(편집) 733-4748 FAX. 734-9209

H.P. : www.myungmundang.net

e-mail : mmdbook1@hanmail.net

등록 1977. 11. 19. 제 1-148호

★

ISBN 979-11-85704-71-5 04910

ISBN 979-11-85704-48-7 04910 set

★

낙장이나 파본은 구입하신 서점에서 교환해 드립니다.

★

값 12,000원

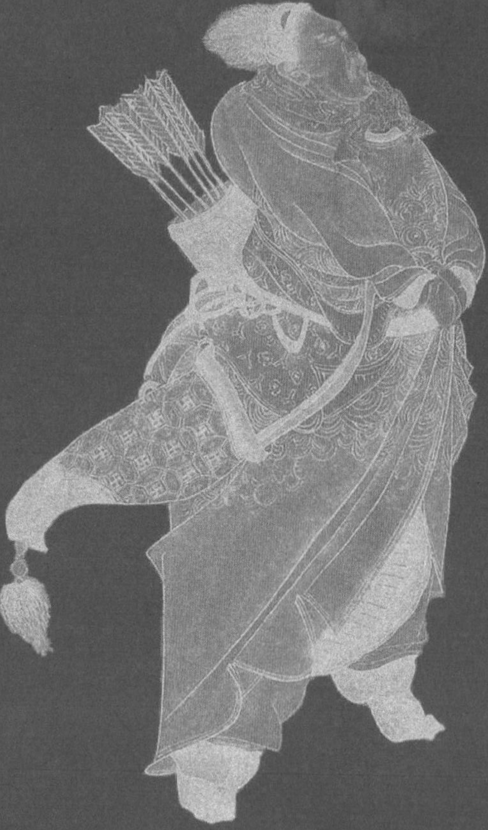

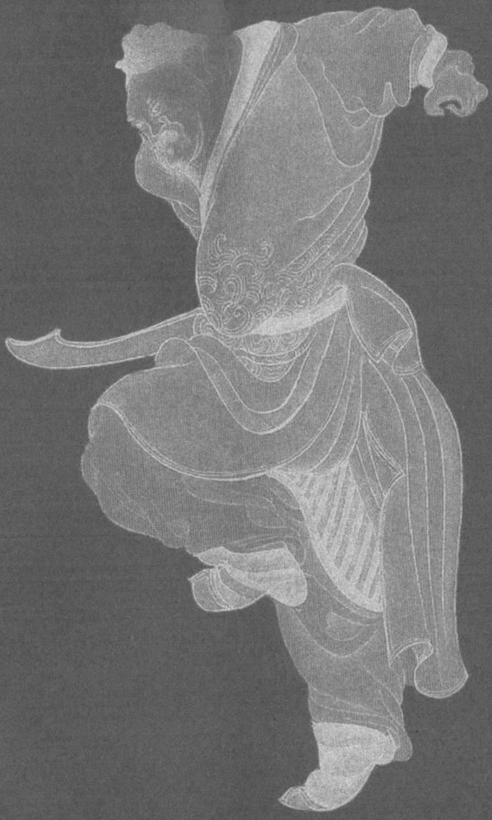